南朝大争霸

4 萧梁风云

草军书 著

天津出版传媒集团
天津人民出版社

图书在版编目（CIP）数据

南朝大争霸. 4, 萧梁风云 / 草军书著. — 天津：天津人民出版社, 2018.7（2020.6重印）

ISBN 978-7-201-13314-0

Ⅰ. ①南… Ⅱ. ①草… Ⅲ. ①中国历史–南朝时代–通俗读物②中国历史–梁国–通俗读物 Ⅳ. ①K239.109

中国版本图书馆CIP数据核字（2018）第083019号

南朝大争霸④萧梁风云

出　　版　天津人民出版社
出 版 人　黄　沛
地　　址　天津市和平区西康路35号康岳大厦
邮政编码　300051
邮购电话　（022）23332469
网　　址　http: //www.tjrmcbs.com
电子信箱　tjrmcbs@126.com
责任编辑　刘子伯
印　　刷　北京合众伟业印刷有限公司
经　　销　新华书店
开　　本　710×1000　　1/16
印　　张　13
插　　页　0
字　　数　180千字
版次印次　2018年7月第1版　2020年6月第2次印刷
定　　价　35.00元

序　言

南朝：黎明的边缘

很多人都了解中国历史，说起刘邦、李世民、赵匡胤、朱元璋，个个都相当熟悉，讲起他们的逸事张口就来；很多人都不了解中国历史，说起刘裕、萧道成、萧衍、陈霸先，搜肠刮肚也想不起这南朝的“四大天王”皇帝到底是何人物、有何作为。这就是《南朝大争霸》系列图书创作的初衷与目的——普及鲜为人知的南朝历史，展示非同寻常的南朝文明。

南朝是继东晋之后建立于长江以南的四个朝代的总称，包括宋、齐、梁、陈。时间很短，从420年刘裕建宋开始，到589年陈叔宝亡国结束，170年的时间在历史的长河中如弹指一瞬。

如果把中国古代国家史比作一天的话，那么南朝时代大约相当于八九点钟的时间段。商周时期，一切都在原始起步，那是黑夜中的艰难摸索时刻；春秋战国，天下分崩，一片混沌之中，思想文化、科技军事之花竞相绽放，黎明的曙光开始显现；雄霸天下、傲视南北的汉朝似朝阳初升，光照万里；魏晋之后踏入南朝，历史的天空暂时晴转多云；在隋文帝杨坚灭掉南朝最后一个政权后，一个巨无霸帝国跃然而出，海宇一统的隋唐盛世将大中国推入烈日曜空的正午时空！

南朝是历史上的一个分裂时代，一百七十年间，朝代更替迅如流星，其兴也勃，其亡也忽，后浪拍前浪，一代追赶一代。历史总是在杀戮中刷新昨日，飞溅的鲜血虽然令人不忍直视，但无法否认，那残忍的红色华丽浇灌出的往往是一朵朵代表蜕变、进步、希望、向上的花朵。处于黎明边缘的南朝虽然纷乱不息、桀骜不驯、野性斐然，但“一日之计在于晨”，一天中所有的能量、所有的目标、所有的愿景、所有的美好，都在此刻孕育和诞生，没有早晨的艳阳，没有多云的涅槃，就不会有正午的烈日。

南朝是以今天的江苏南京为中心的汉民族政权，面对一直对南方虎视眈眈的北方政权，南朝的存在为延续、发展以汉文化为重心的华夏文明起到了中流砥柱的作用。社会体制方面，这一时期的人才制度变革对中国后世的影响极为深远。权贵世袭体制逐步被打破，阻碍社会进步的门阀制度日渐式微，寒门知识分子以才进位跻身中枢成为普遍现象，这为其后隋朝创设的影响中国和世界人才选拔制度的科举制提供了条件准备和现实借鉴。文化方面也是可圈可点，齐梁时期的“永明体”诗歌首次将四声融入诗篇，严格追求押韵对仗，成为新体诗的开端，直接催生出了格律严谨、神韵奔放的唐朝诗歌。今天的读者在阅读朗朗上口、抑扬顿挫的优美唐诗时，别忘了唐诗的形式来自于早它们一百多年的南朝永明体。没有永明体，就没有唐诗；没有唐诗，中国的传统文化不知道要逊色多少。

南朝其实有着数不清的名家：范晔、范缜、祖冲之、谢灵运、刘勰、钟嵘、沈约、檀道济……他们或是才高八斗的诗人，或是智慧过人的科学家，或是学识渊博的史学家，或是足智多谋的军事家……每一个名字，都是一座耸立在历史时空的人文高峰。他们身披朝阳，把日色金辉撒向未来。一千四百年后，我们依然能感受到他们传递出的火热能量，千年万载，取之不竭。

一个如此精彩绝伦、不可忽视的时代，每一个中国人都应该深深地了解它、走近它、拥有它！

从阅读“南朝大争霸”系列开始吧！

草军书

二〇一六年六月

目　录

第一章　也曾明君也曾雄

时光汹涌而去，南朝历史进入到萧梁时代。

与乏善可陈、稍纵即逝的萧齐时代不同，萧梁的政权存续超过了半个世纪，比被其取代的萧齐存在的时间多两倍还拐弯。不过萧梁朝这么久的时间，其实都是一个人在唱独角戏。这个人不是别人，就是南朝梁国的创建者，史称梁武帝的萧衍。

梁武帝萧衍是个很奇特的皇帝，虽然他的名气普通到即使叫你随口说出二十个古代皇帝，你可能也不会报到他的名字，但他却是一个非常有故事、非常有说头的皇帝。在中国出现的所有皇帝中，萧衍的寿命排名第二，他活了八十六岁，仅次于八十九岁的第一长寿皇帝清高宗乾隆。不过，萧衍不是寿终正寝，而是意外死亡，否则，按照他死前仍身体健朗的情况看，他活出个最长寿皇帝的吉尼斯世界纪录应当是没有悬念的事情。

除了长寿，萧衍的在位时间也值得骄傲。公元502年登基，公元549年死亡，在位四十八年。这时间跨度在中国历史上排名前十妥妥的。其实在在位时间这个问题上，萧衍的含金量是最高的。在位时间排在他前面的几个皇帝，都是皇二代，当皇帝是祖传职业。比如康熙、乾隆这对爷孙，还有汉武帝刘彻、明神宗朱翊钧等人，他们的老爸都是皇帝。

康熙八岁登基，才有了六十一年的在位时间；乾隆也是大学刚毕业的年纪就荣登大宝的；在这对罕见的爷孙皇帝之前的朱翊钧也是童年即位，他虽然只活了五十七岁，却做了四十八年皇帝；名声响亮的汉武帝同样如是，寿命七十岁，比萧衍的八十六岁差了一大截，但在位时间却比萧衍的四十八年还多出六年。

只有梁武帝萧衍是个特例，他是在位时间超长的皇帝中，唯一一个开国皇帝。

开国皇帝要想像康熙、乾隆们那样执掌天下六十年是不可能的，因为爸爸不是皇帝，没有几岁、十几岁就君临天下的机会。开国皇帝属于自主创业，就算再牛，三十岁之前怎么着都是在戎马热血、真刀真枪打天下的，就算是三十岁那年就登上皇位，也得九十多岁才能赶上康熙、乾隆的纪录。谁能活得那么长久？中国漫长的两千多年皇帝史当中，还没有出现过九十岁以上的老寿星。西汉时期活跃于岭南地区，有一个叫赵佗的南越武王，倒是奇迹般地活到了一百零三岁，但赵佗称藩汉朝，不能算真正意义上的皇帝。如果他不称藩，这位“南方第一干部”早就被汉朝发兵灭了，也不可能有机会活到那么大岁数。

因此，在正统的皇帝序列中，萧衍是独一无二的。没有哪个开国皇帝有他寿命长，有他在位时间长。这是一件值得夸耀的事情，在影响力指数偏低、存在时间短暂的南方小时代里，居然出现了一位二十多个世纪都无人能超越的角色，这是多么难得！

萧衍确实是一位相当难得的皇帝，即使抛开他的皇帝身份不论，单就才华品性、素质教养、个人魅力等综合方面考量，他也是一个不可多得的高端人才。他在文化与艺术上的全能特性以及对各种爱好的娴熟精通程度，没有几个皇帝能与之比肩。

史籍中对他的夸奖评语美到爆，说他“六艺备闲，棋登逸品，阴阳纬候，卜筮占决，并悉称善”，又说他“草隶尺牍，骑射弓马，莫不奇妙”。古代六艺指的是礼、乐、诗、书、御、数六种居家旅行混社会的必备技能，萧衍不仅六艺全部娴熟，而且还精通许多六艺之外的特长。诗词书法、音乐绘画、骑马射箭、阴阳占卜，无所不通，这简直是个全才。你要是想问他有哪些业余爱好，千万别问他会些什么，不然他能从早晨说到中午都说不完，直接问他不会什么就行了。

萧衍对中国传统文化的贡献功不可没，他在多个领域丰富和扩大了传统文化的内涵精髓。他的书法有王羲之的神采，字里行间流溢出的王氏风格显示出萧衍对书圣王羲之作品的高度熟谙。古往今来，那么多书法大家，为什么就王羲之一个人名气最大？这跟萧衍有很直接的关系。

萧衍是历史上最早重视并第一个大力推崇王羲之书法成就的帝王。因为王羲之在书法界的名气太大，现在很多人都不愿相信这样一个事实，就是王羲之在南朝齐梁时代的声望要比他的儿子王献之低。当时书法界独领风骚的书法权威不是王羲之，而是王献之，王献之后来居上，名气压过了父亲。萧衍最喜欢的书友陶弘景在他的《与梁武帝论书启》著作中，曾以“比世皆尚子敬书”一言评述其时书坛的流行风尚。子敬就是王献之。陶弘景说，全天下所有的书法爱好者都喜欢、尊崇王献之的书法，都以临习王献之的作品为荣。

不过，由于萧衍超级欣赏王羲之的书法，认为王献之的书法比不上他老爸的成就，并长时间地极力推尊王羲之，最终使书坛风潮发生了反转。皇帝一个劲儿地说这个人的字排名第一，谁还会跟他唱反调？况且王羲之的字也的确是经得起天下推尊。久而久之，全国便兴起了学习王羲之书法的热潮，王羲之的书坛翘楚地位便固定下来。

到唐朝的时候，另一个跟萧衍一样文武双全的皇帝——唐太宗李世民，更是王羲之的狂热粉丝，他继梁武帝之后再度接力，将王羲之送上古今无人比拟的“书圣”地位。直至今天，再也没有一个书法家能超越王羲之，他的代表作《兰亭序》也随之成为千古绝唱。

可以说，是萧衍率先树起了王羲之的书法大旗，为中华书坛立起了一座供人敬仰的文化高峰，耸立千年，至今生辉。

萧衍自己在书法上也有很深的造诣，行书、草书大气自然、精致流畅，有兴趣的朋友可以去博物馆看看他的书法真迹。同时他还将自己的书法经验和体会总结起来，撰写成《观钟繇书法十二意》《草书状》等多部书法理论著作，部部都是经典。

诗文学术方面，萧衍同样是专家级水平。作为曾经的“竟陵八友”的主力成员，萧衍的诗歌创作水平毋庸置疑，他现在留存于世的诗歌接近一百首，其中有不少韵律对仗工整的七言诗。

中国的诗歌创作最早都是四言诗，每句话四个字，“关关雎鸠，在河之洲。窈窕淑女，君子好逑”这样的，到后来觉得四个字表达意思不太方便，进化到每句五个字。汉魏六朝时期都是以五言诗为主的，写七言诗的不多。在萧衍时期，七言诗得到了大发展，因为皇帝本人经常写七言诗，文化风向标自然会指向七言诗，大量诗人迅速跟进，七言诗创作一片繁荣，催生了后来产生了无数经典的唐朝七言诗。

有点让人意外的是，萧衍在史学方面也是一个集大成者，他对《汉书》那种断代史写法很是不满意，认为班固那种写法切断了完整的历史脉络，因此重起炉灶，组织当朝学者编撰了多达六百卷的《通史》，把中华全部历史一网打尽到这套书里。他曾雄心勃勃地对臣下夸口说：“我造《通史》，此书若成，众史可废。”可惜的是，这套史学巨著到宋朝的时候即已失传，不知所踪。

在萧衍主政的南朝时期，出现了一个文化发展小爆发。皇帝萧衍以及他的儿子萧统、萧纲等人，都是实打实的文化大家，在萧衍的影响和带动下，他的几个儿子多半都学识渊博。

长子萧统主持编纂了中国第一部诗文总集《昭明文选》；三儿子萧纲是“宫体诗”流派的开山鼻祖，他整天在宫里跟美女们待在一起，海量观察各种美女的音容笑貌，把她们的艳丽容颜、娇羞神态、一颦一笑都作成了诗，由此创造了一种独特的新诗体。之后的南陈末帝陈叔宝将这种宫体诗发挥到了极致，像后世尽人皆知的《春江花月夜》《玉树后庭花》都属于宫体诗范畴。张若虚那首被誉为“孤篇盖全唐”的《春江花月夜》就是直接套用的宫体诗旧题目，只不过他旧瓶装新酒，重新创作了内容而已。

萧衍、萧统、萧纲这才华横溢的萧氏父子三人特别像魏晋时期的曹操、曹植、曹丕建安三杰，都是皇家大腕，都是诗情满怀，都是尤为难得的文化世袭，都在中国文化史上留下了浓墨重彩、不可磨灭的痕迹。

梁武帝萧衍毫无疑问是个有着相当才情的皇帝，但当皇帝光有才可不行，最有才华的几个皇帝，南唐后主李煜、南陈后主陈叔宝、宋徽宗赵佶，哪一个没成阶下囚？哪一个不是把国家弄得一团糟？萧衍不是那种有才有情却没心没肺的皇帝，至少在执政前半段时期不是，他的心里装着朝廷和百姓。

在皇位受禅仪式完成后回家的路上，刚刚成为皇帝的萧衍恍然如梦，觉得世界真是太奇妙，自己怎么就由一个微不足道的写诗文青跳变成尊贵无比的皇帝了呢？他对身边的范云感叹不已：“朕之今日，所谓懔乎若朽索之驭六马。”其时的萧衍，虽然已经登基，但内心仍有一点卑微，一点慌乱，那种诚惶诚恐的样子是可以想象得到的。他觉得自己仿佛是在用腐烂朽败的绳索驾驭六匹奔驰的骏马，生怕烈马挣断驭绳，弄得自己车毁人亡。在这种如履薄冰的心态下，初为人君的萧衍励精图治，奋发图强，除旧布新，全心全意为国为民，做了不少有利于社会发展和民众休养生息的好事。

他下令放出皇宫里齐国诸帝从各地遴选来的许多宫女歌姬，让她们自由回家和亲人团聚。这项决定非常具有人情味，这些正直妙龄的青春靓丽的女孩，长期坐牢般地被禁锢在深宫，没有爱情的滋润，没有亲情的抚慰，生活黯淡绝望，如果不是萧衍，她们中的很多人都会寂寞痛苦地老死宫阙。

封建皇帝这种一个男人占有千万个女人的制度极其残忍自私，为满足一个男人随时随地的宣淫欲望，无数个女人无条件地为其牺牲青春乃至一生。萧衍在这方面做得挺好，特别人道，多次放宫女出宫。他在攻进建康城的当天，就“以宫女二千分赉将士”，在齐国后宫挑出两千名宫女作为奖金福利发放给立功将士。

不要以为这种把人当作奖励实物的做法是对宫女的侮辱，虽然今天看来这种行为可笑且违法，但在当时，对宫女们反而是一种解脱，是一种幸福生活的启程，从此，她们将脱离苦海，进入实实在在的烟火凡尘，开始有家有爱有男人，比成天锁在深宫里不知要强多少倍。

而且这些宫女出宫后带给国家的最大红利是生儿育女，人口的繁衍会给社会带来财富，给国防带来战斗力。在农耕时代，人口多寡是衡量一个国家实力是否强大的重要指标。人口多，上交的税赋就多，打仗的兵员就充足。在人多力量大的作战模式时代，你国十万军队，我国一百万军队，要想打你，百万人一齐出动，坦克般地就把你碾压踏平了。所以，萧衍放还宫女的决定于国于民都有利。

在听取民意方面，萧衍也是不避敏感话题，大胆听取百姓意见和建议。天监元年，在改元刚四个月时，萧衍就下令在皇宫大门口的“谤木”和“肺石”旁边再设立两个木函，也就是木箱子。今天很多单位门口的意见箱、举报箱就是根据这个演化来的。两个箱子各有用途规定：“若肉食莫言，欲有横议，投谤木函；若以功劳才器冤沉莫达，投肺石函。”

谤木和肺石都是古代皇宫门口的标配物品。前者是一根竖立的木头，民众要是对朝廷有什么不满和批评，可以将批评言论写在木头上；肺石是一块颜色暗红如肺的石头，百姓若是有什么不能解决的冤情，别投河上吊跳楼自杀，只要往肺石上这么一站，就有专门人员帮着把冤情反映到朝廷处理，绝对不必担心会被无视。现在天安门广场上耸立着的具有强烈象征意义的华表，就是从谤木演变而来。肺石后来也渐渐远隐，唐宋以后就被登闻鼓所取代，所以才有大家都很熟悉的击鼓鸣冤一说。

梁武帝萧衍广开言路，开门纳谏，两个大箱子，随便往里塞意见信和举报件。如果对朝廷有批评意见，在职官员又不肯接受批评，可以将批评稿塞进谤木箱；如果功劳被掩盖，才能被压制，或者沉冤得不到昭雪，就将申诉书投进肺石木箱。这些意见和建议，最后都能上报到皇帝那里，并得到最终的处理结果反馈。

官员升迁提拔以及人才的选拔问题历来关乎朝政稳定。萧衍即位以后推出了一系列政治方面的改革改良措施，重新制定文武百官等级，将官员等级定为九品，后又改为十八班，增设了不少官职，用来吸纳安排士族和寒门中的各类人才，缓和了当时不同阶层之间由于通往上层的途径淤堵而引发的越来越突出尖锐的阶级矛盾。

同时，他还加大了民间人才的选拔力度和公平公正度，抛弃了魏晋以来存在的中正制，在全国各地设置州望、郡宗、乡豪，专门负责发掘搜罗贤能人才，并及时推荐给中央。

那个时候由于教育不普及，有文化、有知识的人才不多，朝廷思贤若渴，各级官员每年最重要的一项工作内容之一，就是为朝廷推荐各种人才。跟现在各级政府给官员规定招商引资任务一样，那时的朝廷也按照级别要求官员推荐上报人才，你一年推优三个，他一年推优五个，完不成指标就说明工作没做好。

萧衍特别重视人才发掘，他曾专门下诏求才："其有能通一经始末无倦者，策实之后，选官可量加叙录，虽复牛监羊肆，寒品后门，并随才试吏，勿有遗隔。"他要求抛弃门第观念，不问出身，只要通晓一种儒家经典并学而不倦者，经考试合格就可录用为官。即使是牛倌羊贩、寒门贱民，也都可以根据才干大小试用为吏。这种彻底打破世俗、抛弃门第观念的做法极其勇敢大胆，比宋、齐两朝开放得更为彻底。只要你有才，不管你贵贱。

这在九品中正制盛行的年代简直大逆不道，难以想象。那时候，即使是科长级别的官位，也是被有门第的士族垄断着。官员的后代永远当官，农民的子孙永远做农民，工匠的儿子继续世代当工匠。你再有才，顶多也就是个有才的种田能手，有才的雕刻匠人，有才的织布能手，连文艺协会、纺织协会都没资格加入。无他，只因为身份低贱。即使你苦苦奋斗了十八年，成年时也没机会跟膏腴门第的孩子坐在一起喝咖啡。

这种变态现象在梁武帝朝代发生了急剧变化，随着皇帝萧衍重才华轻门第制度的普及推广，再加上后期侯景之乱的发生，南方士族受到了不可逆的毁灭性打击，到隋朝大一统时，寒门、高族已经没有了巨大的地位悬殊，两种势力彼消此长，逐渐融合，渐趋平等。虽然不少高门大姓直到唐初时仍然坚持自己的高傲，但此时的形势已是连强弩之末都算不上了。唐朝以后，什么士族呀，寒门呀，大姓呀，门阀呀，这些词汇统统成为烟云，归入历史的旧文档。南梁的萧衍在这方面是有贡献的，说明他的思维和眼光超越同时代的大多数人。

萧衍的眼光和思维体现在多个方面，他明确提出，官员要有真才实学，也必须要清正廉洁，并将清廉作为干部考察考核的重要手段。

为净化官员队伍，整肃贪贿歪风，萧衍在称帝的第一周就向全国各地派遣内侍，巡察四方，纠弹不法，打老虎，捉苍蝇。为配合反腐，稳定治安，他还下令起草《梁律》，这在南朝是一个创举。之前的宋、齐两朝都没有起草自己的法律，而是一直沿用流传下来的《晋律》，萧衍要求结合本朝实际，重修法律体系，制定了属于自己朝代的《梁律》。

《梁律》虽然在中国法制史上算不上伟大律法，但也有不少可取之处，开创了从坐妇女免处死刑的先例。在中国重男轻女的文化环境中，妇女一直以来都是非常倒霉的。在男权至上的社会，女人被要求完全附属于男人，她们存在的最大功能是娱乐男人，让男人获得身体和官能上的快感，为男人生育孩子，为男人劳动服务一生，到死了连个姓名都难得留下，只以某某氏替代之。

这样还不算最倒霉，最倒霉的是犯罪连坐制度对女人的牵连。夫家出事，她们会跟着被追究，你老公犯罪了，老公公犯罪了，你也有罪；父家出事，即使女儿出嫁在外，也得连坐，你老爸犯罪了，你也有罪，该坐牢的坐牢，该斩首的斩首。这种坏事成双让很多女人比窦娥还冤地死了，罪了。

《梁律》注意到了这个问题，人性化地取消了妇女连坐处死的制度，即使老公和老公公谋反，他们的妇女家眷也不会被杀死，去劳动改造就可以了。萧衍签发的这一司法制度后世多有继承，拯救了无数妇女的性命。

萧衍是一个特别有意思的皇帝，历史上绝对找不到第二个像他这般集勤奋、节俭、聪明、糊涂、信仰至上于一身的皇帝。

作为皇帝，他的勤奋和节俭，让许多普通人都望尘莫及。他每天清晨三四点钟就起床批阅公文奏章，不管酷暑严冬，都是如此。南方冬天的清晨是很冷的，长时间握笔写字，使得萧衍的手部皮肤被冻得大面积皴裂。这真是一个低碳生活的皇帝，连烧炭取暖都舍不得，手上冻得裂出一道道血口子也毫不在乎，仍秉烛早起，继续勤奋工作。

至于他的生活节俭程度，在古代帝王中更是极为少见，“一冠三载，一被二年”，一顶帽子戴三年，一床被子盖两年。穿的衣服也是寒酸破旧。别的皇帝服装都是顶级的绫罗绸缎裁制而成，穿一次就脱下来丢掉，一年三百六十五天，每天都穿新衣服。萧衍的衣服不是华美的丝绸，而是老百姓才穿的普通麻布，皇宫里的一切用具全部从简，没有豪华高端的精装修宫室，嫔妃个个穿着朴素，为了节省布料，她们都不穿曳地长裙。

最让人觉得不可思议乃至难以接受的是萧衍每天只吃一顿饭，所吃的食物简单清淡，都是蔬菜，没有鱼肉。不吃荤这点倒好理解，谁都知道萧衍是虔诚的佛教徒，但一天只吃一餐，能节省多少伙食费呢？这种所谓的节俭似乎太离谱了。

其实南朝的时候，饮食习惯跟今天不同，并不是一日三餐，而是以一天吃两餐为主，只有富贵人家才有一天吃三顿饭的实力。秦汉以来一直是这样。晁错《论贵粟疏》里那句“人情一日不再食则饥”便是汉朝一天两餐制的明证。吃了一餐，如果不再吃一餐就会感到饥饿。之所以不吃三餐吃两餐，原因很明了，粮食不够吃。上午九十点吃一餐，下午四五点吃一餐，保持着不饿死的程度就行。五点过后，基本就是大夜班睡觉时间了，睡着了便不知道饿了。

你别问为什么古代人不去夜生活，吃完晚饭后为什么不出去遛遛，这倒不是他们怕把肚子逛瘪了费粮食，而是因为古代的宵禁政策，晚上是不许出门的，被巡逻警察抓住可是让人吃不消的大罪。

整个皇帝社会时代，只有开明开放的宋朝不宵禁，所以才出现了开封、杭州这样的古代著名大都市，才会出现繁荣的消夜市场。可惜后来的明清两代又开倒车退回到宵禁时代，只有元宵、中秋等特定日子的晚上，百姓才可以出来透透气。

南朝时期也是实行宵禁的，日食两餐是普遍主流。不过皇宫里是三餐制的。萧衍作为一个皇帝，每天省下两顿饭，有必要、有意思吗？领导有节约意识是好的，但得看在什么地方吧，这样的节俭，无论出发点如何，都不值得支持。要是饿坏了身体，浪费的医疗资源会更多。

不过也真是奇怪，萧衍如此不注重食物的均衡营养，却奇迹般地健健康康活到了耄耋之年，让人不由感叹他的神奇。

但不管如何，萧衍拥有挥霍铺张的条件，却选择节俭珍惜的生活的做法，博得了很多历史学家的喝彩。现代著名历史学家钱穆曾这样赞扬萧衍："独有一萧衍老翁，俭过汉文，勤如王莽，可谓南朝一令主。"钱穆说萧衍是一个比汉文帝刘恒还节俭，跟新朝的王莽一样孜孜勤奋的南朝贤德君王。明末清初大思想家王夫之在《读通鉴论》里也夸奖萧衍："梁氏享国五十年，天下且小康焉。"当下社会，"小康"是个很时髦的词汇，可三百多年前就有人用这个词来评价萧衍当政的时代了，尽管有溢美倾向，但也多少显示出了萧衍被人首肯的业绩。

萧衍在位期间，稳定的社会政治给南方人民带来了平安，给了南方社会飞速发展的机遇，这点连他的北方政敌，主宰东魏的大权臣高欢也不得不佩服："江东复有一吴翁萧衍，专事衣冠礼乐，中原士大夫望之以为正朔所在。"在高欢的潜意识里，长江以南的梁国其实比自己的国家和西魏有气质有文化，是华夏衣冠正朔所在地。

一个连对手都由衷发出赞叹的人，他的成就，他的能力，他的本领，他的雄才大略，一定是突出而过人的。萧衍能在乱世之中抢得头彩，能在劲敌环伺的境地下，执政半个世纪而不倒，其过人之处自不待言。

然而，这位当皇帝当到腻的老头，却并不是一个全始全终，有着圆满结局的最高统治者。在位晚年，他犯下了严重的决策错误，把一个欣欣向荣的帝国复又拖向黑暗深渊。如果客观地评价，萧衍只能算是半世英雄，一生英雄兼狗熊。

第二章　你来我往南北战

中国所有的南方政权与北方政权，似乎都永远存在着不共戴天之仇，只要共同存在，就没有消停的时候，总是打打打、杀杀杀，天王老子都劝不住。严厉苦寒的北方人向往南方的水灵和富饶，凭恃着快马剽悍，总想南下抢点什么。梦里水乡，十里桃花，春风有你，不如有美女。他们抢物资，抢人口，得手后呼啦啦散去，过段时间后再按重复键，周而复始，无穷尽也。

南北朝存在了一百七十年，双方就打了一百七十年。即使最后被隋文帝杨坚统一了南北方，还是无法避免南北战争。只是战争地点不再围绕着江河展开，而是变换到孤烟笔直、落日浑圆的大沙漠上百战不休，金甲穿沙。

南北朝时期的北魏，南下抢劫的格调比大多数北方政权高了几个档次，他们不光抢动产，更对不动产感兴趣，打下一个城池就赖着不走，把这个城市变成自己的国土，划入自己的国家版图。北魏以这种小口蚕食的抢劫法，抢走了不少南方的土地。

南朝在刘裕那会儿多牛呀，打仗都在北方人家门口，只在黄河边上开辟战场。后来随着彭城（今江苏省徐州市）入于北魏，战场向南推进，双方围绕着淮河开展拉锯争夺战，把本来富庶繁荣的淮河地区打得荒凉凋零，民不聊生。

到陈朝的时候，战场再向南推进，淮河变成北方的内河，南方小朝廷只能吃长江天堑的老本了，浩荡波涌的长江变成了北方胡骑泡澡饮马的好去处。

在萧衍的梁国成立时，北魏的兵锋早已越过淮河界限，深入到离长江不远的地方。由于裴叔业将淮河重镇寿阳（今安徽省寿县）献给了北魏，淮河上游防线全部失守。北魏在获得寿阳后，立即以寿阳城为依托，派兵向南攻击扫荡，夺取了淮河地区东至今天的安徽省合肥市，西到今天的河南省信阳市附近的大片地区，在军事方面对梁国形成了强大的威压形势。

合肥距离长江的直线距离大概有一百五十公里，一旦魏军再向前突破进入长江，对梁国来说就太糟糕了。因为只要到了江边，战舰顺江而下，就可直达梁国都城建康（今江苏省南京市），挡都没法挡。你看建都在南京的几个朝代，哪个朝代不是短命鬼？哪个王朝不是敌人踏浪而来，战舰直接开到城下的？所以说句南京朋友可能不爱听的话，南京是最不宜作为王朝都城的城市。原因是这座城市挨着长江。战争发生时，敌住长江头，君住长江尾，敌人往船上一坐，就一路旅游一路看景地漂来了。

水上打仗不比陆上，攻方容易守方难。你在江面上拦铁索，几十米高的战舰能轻松地撞断。撞不断不要紧，用火烧，直接把铁索融成铁水。往水底下打桩？沉千寻铁锁？也没用，照样有方法破解掉。在南京建立政权的所有王朝，每一个都是灭在水军手里，所以，邻水而建的都城，都避免不了被快速灭亡的命运。

中国最适合作为都城的地方是长安，也就是今天的陕西省西安市。那是真正的形胜之地，三面环山，面朝黄河，易守难攻，固若金汤。你可能要说了，哎，不是有黄河吗？顺着黄河杀到长安，一样一样的呀。可人家长安离黄河还远着呢，不像南京，近到坐在城楼上就可以边喝茶边欣赏江天一色。敌人即使费力地登上河岸，岸边的坚城、利箭、快刀、陷阱等着弄不死你。攻城战的难度很大，每前进一步都要付出沉重代价，一般情况下敌人伤不起。

就萧衍称帝初期的南北双方形势而言，由于淮河的咽喉被北魏卡住，如果不尽快使北魏松手，萧衍也是伤不起的。东边的彭城在魏军手里，西边的寿阳也在魏军手里。影响淮河防线的四大军镇，只有钟离（今安徽省凤阳县东北）和义阳（今河南省信阳市）暂时控制在梁国手中，但很快连义阳城也被魏军夺走了。淮河从西到东，横跨河南、安徽、江苏三省，几个极具标志意义的沿淮城市都被北魏抢走。如此咄咄逼人的倒挂形势，让梁国皇帝萧衍不得不向北魏宣战。

天监四年十月，萧衍下诏北伐。梁国全国总动员，集结了数十万兵力，亲王和公爵以下官员，都向朝廷捐献他们采邑的田赋和稻米作为军费，支持大军反攻北魏。萧衍任命他的六弟萧宏为北伐总指挥，柳惔任副帅。

柳惔在历史上并不知名，但他是萧衍的好朋友。萧衍曾经在一次宴会上专门写了首夸奖他的诗送给他，他去世时，萧衍还为他素服举哀，可见两人关系之近乎。

但萧衍这次唯亲唯友的两个军事统帅的任命，让人有点看不懂。这两个人根本别说大战经验了，就连战场大战的经历都没有。尤其是萧宏，纯粹一个吃喝玩乐的纨绔子弟，居然摇身一变成为指挥千军万马的大统帅。放着手下一批才识兼备的勇将不用，却把自己的亲弟弟抬上这么重要的关键位子，很显然，萧衍在这件事上私心过重，最终导致搬起石头砸了自己的脚。

南梁的这次北伐行动非比寻常，规模之大可谓空前绝后。整个南朝，之前从来没有出现过如此大的北伐规模，之后，也再未发生过。据史料推算统计，此次南北双方至少出动了七八十万大军在淮河沿岸攻防厮杀，尸横遍野，血染江河。萧宏统率的梁军“器械精新，军容甚盛，北人以为百数十年所未之有”。

在北魏人眼里，这一次来他们地盘挑事儿的梁军跟以前不一样，武器精良，军容壮盛，雄赳赳气昂昂，一百多年来，他们从没有见过这么声势浩大、兵强马壮的南方军队，向来不怵南方军队的北魏将士这次有点迷糊，特别不自信，觉得这一回恐怕来者不善，自己怕是凶多吉少。

事实上当时的战场形势对梁国而言，的确是一片大好。出兵刚半年，梁军就相继拿下多座城池。西路军顺利攻下了今天江苏省北部的宿迁市和连云港市，并快速将兵力压向西南方，旨在呼应合肥攻击战。东线梁军也很快打下了安徽省霍邱县，同样剑指东南方不远的合肥重镇。

合肥这个地方处于南北要冲，位置十分显赫，是当时南中国的中心地带，军事意义重大。要想经略南中国，合肥是必须要控制在手里的城市。当年那场对整个中国历史走向都产生了深刻影响的淝水之战，就发生在距合肥不远的淝河上。

合肥为什么叫合肥这个名字？并不是大家笑侃的“两个胖子在一起”，而是来自古老的淝河。淝河分为东、西、南、北四条，其中南淝河与东淝河交汇的地方便被称为合肥。

合肥这地方历来是南北双方交互争夺的战场。三国时期，蜗居江南的孙权想得到这块宝地都想疯了，趁着曹操跟张鲁在四川僵持的时候，亲率十万大军来抢合肥，没想到却被只带着七千守军的名将张辽杀得惨败而逃，差点魂断合肥。孙权为什么这么急吼吼地来抢夺合肥？就是因为他想以合肥为跳板，实现自己的北伐大业。

合肥对梁国虽然有重要意义，但却在五年前被北魏从手中生生夺走。合肥失守的起因背景在上本书中有过交代，都怪当时镇守寿阳城的南齐大将裴叔业。他把南方政权的中部最有标志意义的堡垒城市寿阳拱手献给北魏之后，淮河防线顿时门户大开。北魏军在寿阳站稳脚跟之后，又迅速插足合肥，从这条撕开的口子里再次狠命冲击，一举把合肥这片地区收进囊中。

萧衍代齐建梁后，对合肥没入北魏之事一直耿耿于怀，总感觉有人天天拿着一把尖刀抵着自己的右边肋骨，浑身不对劲儿。所以必须要收复合肥。寿阳暂时就不说了，那地方高墙厚垒，易守难攻，如果没有内部瓦解因素，想靠外力攻下它是不可能的。合肥城虽说也不好打，但只要兵力足够强大，想想办法动动脑子还是有希望的。因此，这次北伐的重要之战就先从最近的合肥打起。

这次主攻合肥的战将是豫州刺史韦睿。韦睿是一个军事奇才，他和另一名大将陈庆之都是梁国战神级别的人物，要是评选“南朝十大将领”的话，韦睿绝对会以实力高票当选。

韦睿这个人特别难得，为人和气，对士卒关爱有加，经常晚上义务加班，通宵达旦处理各类军事文书。不知道是不是因为长期睡眠时间不足的原因，韦睿身体不好，瘦得脱形了。到底瘦到什么程度呢？“睿体素羸，未尝跨马。”这位一代名将太瘦弱了，名副其实的弱不禁风，瘦到连骑马都骑不动。坐在马背上得挺直腰杆呀，韦睿没那挺腰的力气。再说，瘦到那种纸片人的程度，要是长时间坐在颠来颠去的马背上，估计得把屁股磨穿了。所以，他干脆自觉地把马戒了，到哪儿去都坐在一乘两人抬的小板舆上，是独一无二的“板舆将军”。

别以为不骑马的将军一定是贪生怕死的将军，这点在韦睿身上不成立。他一点也不怕死，每次打仗时都叫人把自己抬到战场上指挥作战。这相当危险，万一打败仗了没法儿逃。要是骑在马上，看见形势不对，两腿夹下马肚就一溜儿烟跑了。坐在板舆上怎么跑得快？要跑也是人家抬板舆的劳力先跑，真要到紧急当口，他们做苦力的可不管抬着什么人，自己先逃命要紧。但韦睿就是这么自信，把上战场当成了逛庙会，坐在板舆上稳如泰山，没有发生一次落荒而逃的经历，倒是无数次把别人打得稀里哗啦。

这次他带着军队快到合肥城下时，被合肥前方的小岘挡住了进路。小岘城在今天的安徽省马鞍山市含山县境内，离合肥很近，是保卫合肥的卫星城。打合肥，必须得先打下小岘。韦睿派长史王超前去攻城，但很快便被城内魏军打回来了。于是，韦睿便亲自带着将领到小岘城附近观察地形与敌情，看看到底怎么个打法。

北魏军在城内看到车辚辚马萧萧的军队里竟然有一乘板舆，觉得那上头坐着的人肯定是个大官，马上派出好几百名精壮士卒在大营外列阵，一副马上要发起攻击的派势。梁国将领见这阵势，心里有点发虚。因为这次是出来巡视侦察的，没想着要打仗，大家身上连盔甲都没有穿，没想到怕什么来什么。

韦睿看到魏军精兵列阵，马上下令攻击对方。随行将领一听，急眼了，“向者轻来，未有战备，徐还授甲，乃可进耳”。大家都反对韦睿的提议，说我们这次是轻装出行，若是搞搞突然袭击还差不多，现在要硬碰硬地跟敌人交战，我们得回营穿上盔甲披挂整齐后再来跟他们干！韦睿坚决拒绝，说等你们再回来时，这么好的机会就没有了。诸将都觉得韦睿是疯了。哪里有机会？人家好几百个膀大腰圆的汉子在那儿虎视眈眈，个个刀利甲厚的，我们这会儿上去不是去送死吗？

韦睿跟他们分析说，你们都错了，魏军这是虚张声势，外强中干，故意吓唬我们的，他们因为害怕，所以才故意伪装成强大。小岘城内有两千多守军，这么多军队暂时足以据城自守，根本没必要跑出来秀肌肉，现在他们无缘无故地跑到城外展示威力，这些人定是城内全部的精兵勇将，如果我们就地将他们击败，城内军队会立刻崩溃，小岘城唾手可得。

可无论韦睿怎么说，众将领都不相信，迟疑着不执行他的攻击作战命令。韦睿发飙了，他指着手中皇帝赐给他的符节，语气强硬地说：“朝廷授此，非以为饰，韦睿法不可犯也！”这招是真正的撒手锏。韦睿警告大家，我手上的符节可是皇上亲手赐予的，皇上授予我这个东西，不是用来装饰门面的！这话充满杀气，言下之意就是谁要是再违抗我的作战命令，杀无赦！

符节其实就是一根竹竿或者木杆，上面吊着一串貂尾、牦牛尾之类的皮草，代表着皇帝权力。只要你手里有这根杆子，你就不是自己在执法，而是代表皇帝在执法。当然，节也分级别档次的：使持节、持节、假节。韦睿手里的节，应当是“持节”级别，这种符节平时可斩杀没有官职的平民，战时可以随时随地斩首二千石以下官员。相当于现在的省部级干部可直接逮捕处决，不需要请示上级机关。

韦睿这话一出口，没人敢吱声了，谁要是再无视冲锋命令推诿扯皮，杀你没商量。于是梁军向城外魏军发起攻击。经过一番殊死搏斗，那几百名出城炫武的魏军被杀死了不少，剩下的一部分抵挡不住退回城中，再也不敢出来冒头显摆了。

这个时候就到梁军显摆的时间了。见魏军果如自己所料败逃而去，韦睿下令乘胜急攻，梁军士兵蜂拥而来，趁着夜色攀上城头跟魏军展开激战，打到半夜，小岘城被攻克，韦睿率军进抵合肥城下。

事实上韦睿并不是第一个来攻打合肥的梁军将领，他只是来助攻的。之前梁军将领胡景略已经带队在这里拼命厮杀了好久，但丝毫奈何不了合肥城中的魏军，面对着高耸的合肥城墙，胡景略束手无策。

韦睿到达以后，第一件事不是去合肥城下观察该怎么去攻城扒墙，而是带了帮人在合肥周边旅游了一番，把山山水水看了个遍。当随行者还在回味哪座山好看、哪条河美丽的时候，韦睿已经对当地的山河地形熟谙于心。紧接着，他又带了帮人来到淝河边。这次不是来游山玩水的，而是来填塞河流的。

韦睿命令士兵在淝河上修筑水坝，将淝河拦腰堵截住，迫使河水改道流向合肥城，他要来个水淹合肥。别看淝河名气大，其实它不宽也不深，很快拦水堤坝就筑好了，水位快速上涨，梁军舰船顺着逐渐上涨的河水，将战舰直接开到了合肥城下。

借助于淝河越来越高的水势，梁军的战场形势越来越好，全体梁军都在静静等待淝河水把自己托浮上合肥城头的那一天。就在这个时候，风云突变，局面急转，北魏大将杨灵胤率领增援合肥的五万人马毫无征兆地突然出现。

这个意想不到的变化让梁军傻眼了。梁军当时只有一万多人，跟魏军比起来数量劣势太大。各位将领恐惧心再次复活，觉得自己这么点儿人肯定干不过魏军，纷纷要求韦睿赶快向朝廷报告，请求加派援军。韦睿却一点儿不怕，他笑着反问那些要求派遣援军的将领，敌人都兵临城下了，我们这时候才要求增兵，怎么来得及？况且作战用兵在于谋略，岂在于人数多少！别怕，按照我的作战部署大胆地冲，定能打胜仗！

又被韦睿说中了。在梁军的猛烈冲击下，杨灵胤真的被打败了。

可梁军还没开心几天，忧心的事儿又来了。杨灵胤虽然首战失利，一来到合肥就被韦睿撵着屁股好一顿胖揍，但他有五万军队，队伍打散了，过段时间再集合起来还是好几万人，人数仍然比梁军有优势。败仗之后，杨灵胤再次组织军队打了一个小反击，将梁军看守水坝的一千多名士兵全部杀死或俘虏，并乘势向水坝发起破坏性攻击。

对魏军来说，这个阻挡淝水流淌的人造水坝同样阻挡住了他们的步伐。因为合肥城此时已经被洪水包围在中间，成为一座孤城，几万魏军被洪水阻隔，只能眼睁睁地看着近在咫尺的城市却无法靠近，无法进行实质支援。所以他们恨死了这个大水坝，想着法子要扒开水坝，让淝水重新流入下游，解救合肥。

当他们气势汹汹地冲向水坝时，梁军再一次弥漫出恐惧情绪，多数将领都建议韦睿暂时避敌锋芒，退守巢湖。

韦睿领导的这帮梁军也真是醉了，才这么一大会儿工夫，已经害怕三回了，要不是有个临阵不乱的统帅，不知道会出现什么灾难性后果。

在战场上打仗，并不是说想退就能退，想跑就能跑得掉的。古代战争为什么一场仗打下来，动不动就死亡几千几万人？为什么死亡率那么高？大多数都是撤退逃跑的时候或自相践踏，或被敌人追着砍杀导致的。因为逃跑的时候，士兵都吓得魂魄俱碎，智商为零，反抗防守能力为零，五百个骑兵就能把一万名逃兵追杀得满世界丢尸体。

要想避免退兵时的重大伤亡，必须要精心安排断后部队，掩护己方人员撤退。你们在前面跑，敌人追上来我殿后部队格挡拼杀，你们继续放心跑，这样才能尽可能保存实力。

韦睿这帮如此酷爱临阵脱逃的手下，若是没有韦睿，估计早死在逃跑的路上了。其实在古代战场上，有时候转头逃跑的死亡风险比面对面厮杀要高得多。所以，很多时候，与其跑，不如战。

韦睿当然不愿意逃跑。面对一片叫喊退军的衰声，韦睿大怒道："宁有此邪！将军死绥，有前无却。"他觉得不可思议，你们这帮将领怎么会有这种想法！由此可以看出，韦睿的境界和节操比其他将领高出一大截。

为了显示自己绝不退兵离开的坚定决心，韦睿命人将作为统帅专用的伞盖、长扇、旗帜全部插到水坝之下。我就在堤坝脚下扎根儿了，不怕敌人杀来，不怕被水冲走。大家一看，主帅六十多岁了还这么淡定从容，这么稳如泰山，也就定下心来，铆着劲儿在大水坝上跟魏军拼了一仗。

北魏军一门心思地想毁掉这个水坝，所以当他们击杀专门负责守卫水坝的梁军后，马上全体冲上堤坝实施毁坝行动。几万人，每个人手里都拿着大铁锥，万锥齐下，要凿开堤坝。

韦睿一看，这要是把堤坝凿开了，这么些天的功劳不但白费，而且大水退去后，城内外魏军一汇合，自己就会面临被夹击的险境，所以必须夺回制坝权。

想到这里，他顾不得自己劲微力小，亲自带队上阵跟敌人搏斗。一番猛烈战斗之后，魏军被拼死护堤的梁军打跑。为了确保堤坝不失，韦睿下令直接在大堤上安营扎寨，铁了心要把合肥淹得漂起来。

合肥城纵然坚固，但禁不住韦睿剑走偏锋的水攻，城墙长期浸泡在水中也不是个事儿，最要命的是水越涨越高，到最后，梁军的战舰浮在水面上，竟然跟城墙一样高，“睿起斗舰，高与合肥城等，四面临之。魏人计穷，相与悲哭”。梁军的战舰四面包围了合肥，不断向城内发起攻击。城中守军面临绝境，哀惨哭声一片。

合肥城最高将领杜元伦亲自到城顶督战，被梁军神箭手射死。主将一死，城防马上就瓦解了，梁军冲进城内，斩杀俘虏了一万多名魏军，缴获牛马物资无数，大获全胜。

成功夺回合肥后，韦睿率军继续向前追击魏军。就在他决定再次攻击魏军的时候，萧宏率领的梁军北伐主力遭遇惨败，萧衍下诏所有北进军队停止军事行动，全部撤回国内。

前面已经说过，进军容易退军难。当接到撤退的命令时，梁军第四次起了害怕的心思。因为当时梁军距离北魏军队只有十公里，突然撤退，魏军肯定会追尾而来，一般情况下，跑的肯定打不赢追的。军队一旦开启乱跑退兵模式，没几个能幸运跑到家，多半不是被俘虏就是被追兵杀死在田野沟渠。

又是韦睿给大家吃了定心丸，他把撤退行动安排得有条不紊。先让辎重车辆掉头启程，然后各部将领紧跟着鱼贯而退，等所有部队都走光了，他自己才慢条斯理地动身。

大家可以脑补一下千年之前的那个撤退画面：一个身材瘦削的老头，一乘破旧简陋的板舆，几名背影落寞的卫兵，不紧不慢地走在荒野旷原之中，而在他们的身后，就是硝烟将起的战场。估计抬板舆的那两个苦力和跟在板舆旁边护卫的几个警卫，肯定是紧张得浑身冒汗。

就这种无断后部队的裸退，敌人要是冲上来追击，一个都跑不掉。但战场上不光是斗力斗勇，还得斗智斗脑。韦睿斗的就是险中取胜。跟当年檀道济在魏军包围圈中坐着马车摇着扇子旁若无人地撤退一样，韦睿断定魏军不敢追他。

正在积极备战的魏军远远地看着梁军突然后撤，有点犯迷糊。说好的战斗呢？不是都准备开打了吗？咋说走就走，连一言不合的机会都不给？怎么的了？集体回家歇探亲假了？

也有将领建议跟踪追击，但思前想后，还是害怕中了韦睿的埋伏，“魏人服睿威名，望之不敢逼”。魏军统帅觉得，足智多谋的韦睿既然敢如此胆大无比地撤兵，一定是故意要猫腻，在路上埋好了伏兵，等着自己追上去挨套。哼，不搭理你，让你白忙一场，让你套路失效。魏人什么都想到了，就是没想到空城计的套路。

梁军到达合肥城就算完全安全了，因为这里已被梁军占领。

夺回合肥是此次整个北伐行动的唯一亮点。合肥入梁后，梁国马上将豫州治所迁移到合肥，下大力气经营这座坚城，使其成为遏制寿阳魏军南侵的重要堡垒。因为合肥的存在，魏军势力范围急速缩短至淮南边缘，南梁在西北边境的战略防御空间变大，长江以北这一大片地区得到了安全护佑，南梁的国力由此得到提升。因此，韦睿是这次北伐的明星人物，功劳最大。

事实上，要不是萧宏指挥的北伐主力部队崩溃瓦解，以韦睿的指挥才能，他还会在西线战场建立更大的功劳的。可惜一盘好棋被根本不会下棋的临川王萧宏给彻底弄砸了。

萧宏这人是个彻彻底底的蠢材，若不是他哥的皇帝身份，他顶多也就能在朝廷混个非重要部门的厅局级干部然后早早退休。但一人得道鸡犬升天，他哥当皇帝后，他的官职也就跟着升上了云端。这样的人，要是坐个位高职闲的虚位，拿着高薪不上班，自己在家玩自己的也就罢了，虽然浪费纳税人钱财，但总不至于祸害别人性命。但让他担任北伐军团总司令，就跟谋害军士集体的生命没有两样了。

由于这个蠢得要死的皇弟，南梁几十万军队一朝灰飞烟灭，这简直是让人无法想象的结果。因为在正常情况下，以当时南梁军的声势和实力，无论怎么败家，都不至于出现这种输掉底裤的结果。就好比是小区里一群老头老太太打小麻将，输赢个百来块就算是多的了。如果你给他一百万，才过一天，这百万巨款就没有了，这怎么可能呀？萧宏的这次毫无理由的惨败，给人的就是这种不可思议的感觉。我们完全可以拿小区麻将室里老头老太太来打比方，本来输赢不满百的家庭怡情小赌，你居然一次性输掉了一百万，请问你是怎么做到的？

可以说，这样违反常规的事，除了梁武帝萧衍这个蠢得要死的弟弟，没有一个人能做得到。现在让我们来看看这位南朝的蠢得要死的王爷到底是怎么做成这件事的。

萧宏统率的梁军主力一路北上奔向魏境，大将昌义之指挥的梁军先头部队攻克了淮河岸边的梁城，距寿阳城仅有一步之遥。抢回寿阳是梁军本次北伐必须实现的重要目标，所以萧宏将军队一步步压向寿阳城下，试图凭借优势军力一口吞下寿阳城。

但北魏好不容易才中大奖般地将寿阳据为己有，岂肯轻易将这座淮河要冲城市拱手相让？他们喊出保卫淮河、保卫寿阳的激励口号，派出中山王元英先期率领十几万大军南下，阻击萧宏，而后还有十几万魏军陆续跟进。这南北两个国家都疯了，皆是倾国而来，欲在淮河岸边一决雌雄。

得知梁城失守后，北魏宣武帝元恪急了，下诏命令元英务必重新夺回这座护卫寿阳的重要据点。为尽快实现这一战略目标，元恪还特地诏令刚在梁国东北边境取得作战胜利的猛将邢峦火速向西南方的梁城运动，和元英一起合兵攻击梁城。

元英和邢峦这两人不光是北朝，更是整个南北朝期间的名将。

元英的身份跟萧宏一样尊贵，也是北魏皇室成员，只不过跟当朝皇帝的亲缘关系没有萧宏和萧衍那么近，他爷爷是北魏太武帝拓跋焘的太子拓跋晃，可惜拓跋晃还没来得及接班就早早病死了。同样是皇家子弟，元英的本领才干甩萧宏几条街。他在南齐时期多次带兵南下攻城略地，经常以少胜多，杀得南齐军队见到他都有点胆寒。尤其是萧衍的大哥萧懿，当年曾被元英耍得晕头转向。

魏、齐两国在汉中进行争夺时，元英和萧懿曾多次交手。其中有两次，元英在兵力不如齐军的情况下，丝毫无损地从胶着的战场安全撤军回国，有一次在撤退途中还杀了一个回马枪，把齐军杀得损失惨重。

还有一次，元英久攻萧懿所在的城池不下，被迫退军。因担心萧懿出城追击，元英命老弱士卒先行撤退，自己带着精锐部队断后警戒。他并不是偷偷摸摸撤军的，而是比韦睿还高调，撤军时还特地派人跟萧懿告别，说我要回国了，再见吧朋友，后会有期。

萧懿不敢相信这是真的。哪有这么向敌人通报如此重大的军事机密的？通常情况下，撤军都是静悄悄地干活，有的还故意让士兵在大半夜时吵闹喧哗虚张声势，向敌方表明自己还在还没睡，等到天亮以后，大营空空荡荡，半夜里那些个故意大声喧哗，生怕别人听不见的士兵一个也不在了，全趁着月黑夜深偷偷开拔了。

萧懿在城头眼睁睁地看着元英离去的背影越走越远，害怕有诈，不敢尾追抄杀，第二天仍然紧闭城门，防止魏军再杀回马枪。在城里宅了两天之后，萧懿才相信元英这次是真的撤退回国，这才派军出城追击。萧懿并不是一个草包将军，但他在战场上却被元英牵着鼻子走，可见元英超群的军事才能。

至于邢峦，才情同样不输元英，和南军作战时败少胜多，北魏孝文帝元宏对他非常欣赏。因为邢峦长期在彭城附近的东南方战场作战，所以元恪曾夸奖他说，东南战场上有你在我就放心了！邢峦确实战绩显赫，齐明帝时期，他曾经和萧衍等齐军将领在江苏对阵，大败齐军，萧衍那次也是跑得快，不然都得成俘虏。

性情愚劣、胆小如鼠的萧宏听说这两个狠人一道组团来打自己，都快吓瘫了，处理日常公务时都因为害怕而错误百出，“宏闻之，惧，召诸将议旋师”。在失魂落魄的高度恐惧之中，这位皇帝老弟觉得这仗不能打，还是撤军回国安全，于是召集军中所有高级将领开会，商议如何退军。

各位将军听说统帅召集开会，都以为是分派作战任务，当萧宏说出退军的打算时，大家简直不能相信自己的耳朵，几乎异口同声表示反对。只有左卫将军吕僧珍一个人表示支持拥护萧宏的决定：“知难而退，不亦善乎！”吕僧珍说，知道前面困难重重，就赶快明智地选择撤退，这也算得上是一个正确的决定。可以退军，避免损失。萧宏跟吕僧珍两人仿佛约好了似的一唱一和，见吕僧珍这么说，萧宏马上接上话茬说：“我亦以为然。”他可能想以首长的身份先给问题定调，然后希望诸将都像吕僧珍一样，顺着自己的想法，一致同意退军回国。

尽管皇家亲王说要不战而退，但其他将领并没因为说这话的人是皇帝的亲弟就无条件附和，而是激烈反对。副总指挥柳惔首先反对：“自我大众所临，何城不服，何谓难乎！”柳惔觉得很奇怪，说自从大军出击以来，所到之处攻无不克，经过的每一座城市都被降服，哪里有困难？困难在哪里？名将裴邃也觉得莫名其妙：“是行也，固敌是求，何难之避！”

裴邃是和韦睿齐名的大将。如果萧衍真正唯才是举，以韦睿和裴邃为此次北伐的正、副指挥，结局定会大不一样。

元英特别忌惮这两人。当萧宏军团气势如虹夺下梁城后，却没有如魏军预想的那样继续向前进攻，而是屯扎在洛口（今安徽省怀远县西南）多日按兵不动时，魏军将领奚康生准确判断出萧宏是害怕他们而不敢向前，于是派手下猛将杨大眼快马疾驰到中军大营，建议元英利用梁军的畏惧心理，让军队逼近洛口，使萧宏畏惧加深，当可不战而胜。

元英拒绝了奚康生的建议，这么回复他：“萧临川虽呆，其下有良将韦、裴之属，未可轻也。宜且观形势，勿与交锋。”在元英眼里，梁军主帅萧宏呆到不值一提，但这位呆子元帅手下还有像韦睿、裴邃那样智勇双全的良将，暂时最好是多看少动，能不跟他们正面交锋最好。

从元英的语气和想法中也可以看出梁军此次的北伐阵容确实强大。这样强大的军力，本应一往无前才对，而萧宏却趴在洛口不敢前进一步，现在还要无端撤退，裴邃高声反对萧宏的决定，说这次北伐，本来就是要寻找敌人主力进行决战，并把他们全军摧毁，现在敌人就在前面，有什么理由不战而逃？

马仙琕比裴邃反对得更直接，口气几近于嘲骂：“王安得亡国之言！天子扫境内以属王，有前死一尺，无却生一寸！”马仙琕的胆子真够大的，斥责萧宏的退兵话语是亡国之言。他认为萧宏辜负了皇帝的希望与厚爱，说天子集全国之力，把国内所有的武装力量全部交到你手里，你别无选择，只能奋勇向前，宁可前进一尺效死，也不可后退一寸偷生。

萧宏当时坐在会场肯定是郁闷死了，一场军事会议差不多开成了对他的批斗会。批斗还没完呢。刚打了胜仗的北徐州刺史昌义之盛怒若狂，须发皆张，他指桑骂槐地把所有的暴怒情绪都发泄到唯一支持退兵的吕僧珍身上：“吕僧珍可斩也！岂有百万之师出未逢敌，望风遽退，何面目得见圣主乎！”昌义之在会场上大声吼叫道，吕僧珍应该斩首！哪有率百万大军出国远征，还没有遇到敌人，只听见风声就急急撤退之理？还有什么脸面去见圣上！这话明显是说给萧宏的，吕僧珍只不过是被借壳而已，百万大军又不是他率领的。

当然，昌义之所说的百万大军也是太李白了一点，夸张过头了，其实没那么多。不过虚报己方兵力是古代打仗时的普遍情况，那数字水得很，根本不能全信。

就拿当年的赤壁之战来说，曹操给孙权写信威胁说自己将率八十万大军南下赤壁，不用说，这数字很不靠谱。三国时期整日混战不休，人口都没有很多，更不用说兵力了，曹操想来喜欢吹牛不上税，他有个二十来万就不错了。

还有那场决定了明朝和清朝最终走向的萨尔浒之战，面对努尔哈赤的不断挑衅，明军檄告天下说，要出动四十七万大军碾压东北的努尔哈赤，要分分钟把他踩死。实际上呢，把四十七除以三差不多。

昌义之也是这么往大里说的风格，或许是军事宣传的需要，故意使劲儿吹牛恐吓敌人，让敌人听后吓得自乱阵脚。萧宏就是个很明显的实例，人家北魏还没说自己有多少兵力呢，光听指挥者的名字他就吓得魂不附体了。

这真是一个特别奇怪的局面，主帅怕死想逃，手下将领却抵制不退，没有一个人屈服于主帅权威，而且态度一个比一个生猛坚决。朱僧勇、胡辛生两位将领气得连会都不想开，直接起身离开会场，两人拔剑出鞘，丢下一句“欲退自退，下官当前向取死”的豪言，气呼呼地甩门而去。要退兵的自己退去，反正我们哥俩儿不后退，只向前，直到战死为止。

一心想跑的萧宏被手下一心求战的将领弄得一筹莫展，进退两难。退兵吧，大家都不同意，自己也不好太来硬的，毕竟不是什么光彩的事情；前进吧，他又不敢，害怕被元英和邢峦打败，只好一直停在洛口按兵不动。

北魏军见萧宏领着这么一支庞大的军队，不主动前进出击，却长时间待在原地空耗粮食，都特别看不起这个南国皇帝的弟弟。不久，北魏军派人给萧宏送去了一份礼物。萧宏觉得特惊讶，这咋回事呀，我是来和你们打仗的，又不是来送请柬的，怎么还有礼物过来呀？赶紧打开包裹，一看，里面全是女人的头巾和首饰。

这种给男对手送女人用品的行为，在古代是一种极致的侮辱与鄙视。女人在那时候完全是男人的附庸，没有任何地位可言，男人是可以将自己的女人当作礼物随便送人的。你要是到某个富商或高官家吃饭，总是目不转睛地盯着一个侍女，他要是高兴或有求于你的话，肯定会说，喜欢的话，就送给你，等会儿饭局结束让她跟你一块儿回家。就这么简单。要不刘备怎么会说女人如衣服呢？衣服是可以随便脱随便丢的。

萧宏收到魏军送来的女人衣饰，并不感到羞愧难当，无所谓，还有没有鞋子、发卡、花露水呀，都统统打包快递到这边。魏军不光是送女人衣服，还打包附送了一首原创歌谣："不畏萧娘与吕姥，但畏合肥有韦虎。"韦虎，说的就是韦睿。魏军把韦睿比喻成凶猛无敌的老虎，他们最怕驻守在合肥的韦睿，而对韦睿的上司萧宏和吕僧珍，他们则安上了两个轻蔑的外号：萧娘和吕姥。

"萧娘"这个称号给萧宏没冤枉他，但给吕僧珍封个"吕姥"外号就是不了解吕僧珍了。吕僧珍是个很难得的人物，后文我会专章讲述他，他的故事很有讲头。

吕僧珍这次独家支持萧宏退军不知道是因为他确实没看透战局，还是有意附会萧宏，总之这个决定让他的形象很掉粉。但这个掉粉的单个决定，并不能全面代表吕僧珍的真实形象，他其实是个很有血性的硬汉子，在心里也非常看不起贪生怕死的萧宏。

在受到女人衣饰之辱后，吕僧珍喟然叹息道："使始兴、吴平为帅而佐之，岂有为敌人所侮如是乎！"始兴是指始兴郡王萧憺，萧衍的弟弟；吴平是指吴平侯萧昞，萧衍的堂弟。吕僧珍颇有痛心疾首、恨其不争的感觉，他觉得，如果这次是始兴王萧憺或吴平侯萧昞当元帅，自己担任他们的助手，怎么会被敌人侮辱成这个样子！

作为萧宏身边最亲近的智囊助手，吕僧珍见魏人怎么捉弄萧宏都不受刺激，便决定对魏军采取行动，打算分出一部分军队交给裴邃，让他去夺取寿阳，主力部队则仍然按照萧宏的意思留在洛口。一旦拿下寿阳，魏军军心就会动摇，主力大军再随后逼近，元英的战队败北就是大概率事件了。

但萧宏害怕此举会激怒元英，引得元英率兵报复自己，所以坚决反对这么做。为了阻止裴邃出兵，萧宏以总指挥的身份，给全军下了一道死命令："人马有前行者斩！"这道命令就像孙悟空用金箍棒在地上划出的圈，将几十万大军牢牢地固定在圈内，谁也不敢擅自行动了。

而最后，擅自行动的却是萧宏自己。

梁军北伐军团铁流滚滚地到达洛口之后，在这里哑火了二十天没动静。几十万人在这里吃喝拉撒睡，既不去战场打仗，也不进行政治学习，把梁军将领和北魏将领都弄得快急死了。梁军将领心里一个劲儿地催，怎么还不打呀？还不打呀？北魏军更是迷惑，这帮南方孙子到底在干啥？到底还过不过来打呀？再不来，俺们可要回北方老家了！想回家是没机会了，萧宏没有给魏军回家的机会，因为他们没法回家，必须要捡完萧宏逃跑时丢在地上的无数财宝物资才能打道回府，白捡怎么能不捡？

梁军在洛口磨蹭的那会儿，已是深秋时节，秋雨连绵是那个时节的重要特征。有天夜里，暴雨如注，狂风呼啸，梁军大营突然发生夜惊。“夜惊”是古代军营里的常见现象。那么多营房，那么多人员挤在一起，局部地区发生点诸如打架吵嘴或意外事故引发的人群骚动，很正常。

萧宏大营当时发生夜惊的原因已无从查证，估计也就是狂风暴雨刮走或者砸塌了部分营房之类的偶然事故，或者雷电击中了大营里的士兵，人群突然骚动，匆忙奔走躲避，如此而已。这个时候，只要部队领导出面跟士兵通报下情况，叫大家不要慌乱、保持稳定，就能轻松地控制局面。但如果无人出面维持秩序，那局面就极容易失控。因为其他营房士兵不知道发生了什么事，见这么人声嘈杂惊慌失措的，以为是敌人夜袭军营，赶紧奔走逃命。这样你跑我跑大家跑，再庞大的队伍都会瞬间一呼啦散掉的。

梁军军营当时遭遇夜惊的时候，萧宏有没有及时出面安抚士兵的情绪呢？答案当然是：不可能。萧宏还想有人去安抚他的情绪呢！整天处在高度恐惧之中的这位总指挥，在风疏雨骤的黑夜听到军营里突然人嘶马叫时，以为是北魏军发动的偷袭，吓得肝胆俱裂，哆哆嗦嗦地爬到马背上仓皇逃出中军大营，只带着几个亲信落荒而去。

北伐大营里的梁军悲剧了。当主帅逃走的消息传开后，灾难模式随之开启。在战场上，主帅是灵魂。现在主帅不在了，还为谁打仗？几十万军队霎时崩溃，各营官兵都加速度逃跑，为了跑在别人前面，许多人扔掉武器，脱下盔甲，恨不得轻飘飘地裸奔而回。那些生病的和衰老的士兵因为跑不动，全被遗弃在营房里，等待他们的，除了死亡，不会有第二种结果。

古代战争特别残酷和现实，胜利方大多只对俘虏青壮年男子和女人感兴趣，抓住他们可以带回去当奴与婢，对于老人、孩子和伤病员，一般就是能杀死的尽量杀死，这类人留着没有利用价值，还要跟自己争宝贵的口粮，不如埋掉省事。

这一跑，梁军死亡五万人，物资与武器的损失不计其数。

当下属向元英报告梁军突然溃退时，元英不敢相信这是真的。他们为什么跑呀？这不科学呀，我们还没打过去就自己跟自己跑？真的吗？这真的是真的吗？在得到确实不是诱敌深入式的假装败退之后，元英下令大军迅速跟踪追杀。梁军群龙无首，乱跑一气，自然死伤众多，损失惨重。

这场本来南梁占据优势的南北大战，被萧宏毫无理由地跑得一败涂地。这种超大规模的战争对峙，还没开打，主帅就率先逃离军营的事件，历史上极为少见，几百年都出不了一个这样的怕死鬼，可见萧宏之渣之蠢。把这样扶不上墙的糊涂虫搁在大军统帅的位子上，是萧衍任人唯亲的结果。

这位萧家王爷打仗不行，逃跑倒挺在行，当晚就冒着大雨乘坐一条小船渡过长江，到达建康西北方的白石垒，驻防这座城池的是萧宏的侄子萧渊猷。萧宏带着捡回一条命的喜悦兴冲冲地跑到城下，叫侄子赶快打开城门放自己进去。大晚上的又是骑马，又是坐船，水陆两栖地一路奔逃，这是件多消耗卡路里的事情，大侄子，快开门，赶紧的，叔要进城睡觉休息吃饭饭！没想到萧渊猷这个不到二十岁的小伙子挺能耐，任凭萧宏在城下喊破喉咙也不开城门。他拒绝的理由冠冕堂皇："百万之师，一朝鸟散，国之存亡，未可知也。恐奸人乘间为变，城不可夜开。”

萧渊猷应该是心里有气，故意晾这个草包叔叔的。他的话语明显充满着鄙夷和气愤，百万大军托付给你，却被你在一夜之间指挥得四散溃逃。这么多精英部队突然消失殆尽，接下来帝国能不能继续存在，会不会被魏国灭亡都是个问题。所以我必须时刻保持警惕，不能开门放你进来。万一有奸恶之人趁着黑灯瞎火，利用开城门这个机会搞事情，那我岂不是开门揖盗？等天亮再说吧。

萧宏官再大、辈分再高也没法反驳这条不开城门的理由，人家是按章办事，晚上不开城门是规矩，就是皇帝来叫门都可以不开。宋孝武帝刘骏就曾因在外打猎晚归，被城门守卫官谢庄拒之门外。刘骏急得从身上掏这个掏那个作为信物展示给谢庄看，证明自己确实是皇帝本人，就差没掏出身份证了。结果谢庄说，这东西我看不清，可能是假冒的也说不准。刘骏没辙，写了亲笔信加特别签名，折腾到天快亮了才最终证明了自己确实是皇帝。萧宏不能把不开门的萧渊猷咋的，只能老老实实在城外待到天亮才通过身份验证成功进城。

萧渊猷比他的这个临川王叔叔高瞻远瞩得多，他对当时形势的担心是正确的。几乎集结了国内全部精锐的军队，突然间土崩瓦解，对国家存亡的担心合情合理。魏国皇帝元恪也是这么想的，他见南梁这么一支巨无霸军队一朝鸟散，感觉机会难得，特地下诏要求元英乘胜南下追击，一举荡平东南地区，将长江以北土地全部收入北魏囊中。

元英接诏后迅速指挥军队南下，并如愿攻克马头（今安徽省怀远县东南），离东边的重要城池钟离仅一步之遥。马头城内储存着大量粮秣，魏军打下马头后，将城内的粮食全部运回北方国内。运粮的队伍川流不息，忙碌了好大一阵子。

南梁政府官员看到魏军在有条不紊地运米回国，不仅不心疼那本来属于自己国家的大米，反而内心高兴得很，他们从魏军的运米行为中一致判定：“魏运米北归，当不复南向。”这种判断是有其内在逻辑的。如果魏军打算继续南下攻战，他们就不可能把马头城里的粮食运回国内，这不是重复劳动，多此一举吗？直接把粮食存在马头，作为南下用兵的军粮，岂不是更方便更省力？看来马头城丢得值，它像是一张灵敏度很高的试纸，准确地测出了魏军无意南下用兵的意图，果真如此，就可以边境太平高枕无忧了。

只有皇帝萧衍跟大家的看法相反："不然，此必欲进兵，为诈计耳。"萧衍肯定地说，你们都错了。这是他们就要发动攻击的征兆，故意用运米北回的诈术来麻痹我们，引导我们做出错误的判断，然后趁我们松懈不注意的时候，突然发起攻击。

萧衍立即命令钟离守将昌义之整修加固钟离城墙，加强战备，防止魏军偷袭。钟离是和寿阳战略地位不相上下的重要城池，和马头相距大约三十公里。魏军既然占领了马头，如果继续战斗，下一步必然会向东攻击钟离，这和元恪吞并东南地区的战略目标也是吻合的。

武将出身的萧衍在这个问题上的眼光和思想都高出臣下一头，只有他准确看出了魏军的真实目的。原来运米回国的确是魏军精心导演的一场大戏，他们希望通过这出戏催眠梁军的斗志，让梁军忽略他们的攻击意图。如果不是萧衍及早预警，命昌义之严守以待，接下来的这场最终影响了彼时南北方军事强弱格局的大战可能就没有机会发生了，因为钟离很可能在猝不及防中就被早有预谋的魏军给拿下了。这一次，萧衍立了一个大功，比在任命萧宏为总指挥的事情上聪明多了。

运米大戏没过几天，魏军就对钟离发动了突袭。不过也谈不上是"突袭"了，人家昌义之早就磨刀霍霍等着对方上门了。不过魏军这次是来者不善，为了夺下钟离，将其和寿阳连成一线，北魏动员了至少四十万以上的军队从三个不同方向包围钟离。杨大眼部从东北方向攻击，元英自率主力由西南方向杀到城下，西北方向本来是邢峦负责的，但他两次抗拒元恪的诏令，拒绝带兵开打这一战。

邢峦给皇帝上书，说钟离防守坚固，不能攻打。如果硬攻，必定会死伤无数，于国有害无益。所以他不愿意当攻打钟离的主将，如果一定要他参加战斗，请将他撤职，他情愿到元英手下当一个参谋，就是不愿当一场必败之战的方面军指挥。元恪没法，只得调他回朝，让对萧衍有刻骨深仇的萧宝寅接替他的职位，组成对钟离城的三角合击态势。

元恪和元英都雄心勃勃，觉得钟离唾手可得，他们扫荡东南全境的魏国梦不久就会实现，却不知，在这个不切实际、操之过急的计划面前，最清醒的不是他们，而是那个硬着脖子跟皇上顶牛的邢峦。他们还不知道，当他们向钟离射出攻击的第一箭之时，便是掉进战争泥潭之日。

钟离是个小城，里面的守军数字说出来都让人难以置信：三千人。就是这三千人，让攻城魏军吃尽了苦头。

钟离四面都是很深的护城河，魏军冲到城下一看，没法隔着河攻击，于是决定先用土填平护城河。强填护城河是项特别危险的工作，你在底下填土，人家在城上放箭，射不死你。但士兵们没办法，每个人都必须背土填河，因为有督战队拿着明晃晃的钢刀在后面紧逼，谁胆敢不向前，就地杀死。在这种生命高压下，护城河很快就被填平。

当城下变得毫无障碍时，魏军出动巨大的冲车撞击城墙，希望能把城墙撞塌。随着冲车的不停撞击，城墙上的泥土大量掉落。不过钟离城墙很厚，几十个士兵共同操纵的冲车力量虽然排山倒海，冲车甚至像老鼠打洞一样钻进了墙体内部，但怎么用力都无法将城墙冲出缺口。再加上昌义之的反攻城手段很强，城墙泥土撞落后，梁军立刻用泥土填补上，顷刻间便将魏军的攻势化为无形。

撞不坏城墙，那就换种方法，直接登梯子爬上城头。无数士兵像蚂蚁一样向城上攀爬。这种攻城法死亡率最高，你弄个梯子，架上十几米高的城头，然后十几个人前前后后噌噌噌顺着梯子往上爬，人家根本懒得理你。你爬呀爬，

爬呀爬，吭哧吭哧爬到一大半高度，人家在上面一推梯子，梯子上的士兵就像糖葫芦从高空掉地上一样，没有一个不碎的，不是摔成脑震荡就是摔断胳膊腿。这还算遇到文明的守城者了。攻急了，从上面用开水浇，用石头砸，还有刀砍箭射锤子敲，哪一种死法，请随便选，包你不满意。守城容易攻城难就是这个道理。

但魏军必欲夺下钟离，至死不退，前赴后继，战况极为惨烈，“魏人昼夜苦攻，分番相代，坠而复升，莫有退者”。

打仗时，士兵的性命是最不值钱的，为了实现战役目标，任何时候都必须冲冲冲。攻打钟离的魏军日夜不停地向城头攀登，白班晚班，大夜班小夜班，士兵们轮番换班爬城，被城上守军击中，只要没死，又爬起来继续登城，没有人敢向后退却一步。

别以为没有人后退是因为士兵们勇敢大无畏，那是宣传洗脑用语。在战场死亡面前，没有人会没有恐惧。之所以不后退，是因为在他们的身后站着督战队员，后退会死得更惨，所以只有拼命向前。一天只有十二个时辰，二十四个小时，但攻打钟离的魏军一天要对城上发起好几十次攻击，平均一下，每半小时就要发起一次冲锋。

这种攻坚，完全就是不要命的打法。说钟离城下的尸体堆积如山一点也不夸张，而是实实在在的白描：“魏人死者与城平。”北魏官兵的尸体堆积在城外，跟钟离城墙一样高，有时候，一天就战死一万多人，这个数字太可怕了。

打了四个月，从十月份激战到来年二月，魏军死伤了好几万人，但却仍然被困在钟离城下一步未进。北魏皇帝元恪受不了这种损失，给元英下达了撤军的命令，要求他停止进攻，从南梁回国。但是元英立功心切，不愿接受几十万大军连一座三千人的小城都攻不下来的耻辱现实，请求再给他一些时间，他定能完成经略东南大地的伟业，为大魏帝国开疆拓土。

当时围绕着钟离小城，已经不是单纯的一座城池的攻防战了，而是升级为南北两个国家的军团大战了。

为了支持钟离战场，确保钟离城不失，萧衍亲自主持战局，从各个战区调集兵力支援西北战场。先是命右卫将军曹景宗都督二十万大军增援钟离，而后又急令合肥的韦睿率军加入战局。

曹景宗也算是梁朝顶尖战将，骁勇异常，喜欢读史的毛泽东对他颇为欣赏，称赞他“良将也，仅次于韦睿，裴邃”。梁朝初期，名将扎堆，能独当一面的大将很多，可惜到后期就没人了，除了萧衍自己太能活以外，能死的不能死的都死了。以至于侯景之乱的时候，几乎找不到几个可以拿来镇场子的大将。这是后话，按下不表。

魏军在钟离战场投入了大量人员和精力，尤其是元英和杨大眼，在钟离周边苦心经营，把钟离城围困成一座陆上孤岛，使钟离与外界完全失去了联系，以至于很长时间里，昌义之都不知道在距他不远的外围，二十多万梁军正在时刻寻找摧毁包围他的魏军主力部队的战机。

钟离位于淮河南岸，城北几百米外便是淮河。钟离城边的这段淮河跟别处不一样，河中间有一个水流冲击而成的小岛，叫邵阳洲。钟离城倒霉就倒霉在这个在河之洲上了。因为河中间有这么一个跳板，北方军队南下时总是将这个地方作为首选渡河点，一过河就是钟离，所以钟离经常弥漫着战火硝烟。几年前，北魏孝文帝元宏也曾亲率大军在邵阳洲筑城渡河，围着钟离跟萧齐国打得一塌糊涂。这次北魏军同样依托邵阳洲对钟离展开重磅攻击。

为了进攻行动方便有效，魏军竟然在邵阳洲南北两边筑起了两座可以飙车跑马的宽大浮桥，两座大桥通过邵阳洲将淮河南北两岸连接起来，使淮河天堑变通途。本来是北人不擅长的渡河水战，这么一连，变成了北人最为擅长的陆战。魏军的兵员调动以及粮食物资武器，通过浮桥源源不断快速抵达钟离战场。

梁军知道，邵阳洲的得失是此次南北大战的关键，谁控制占领了邵阳洲，谁就能赢得战争的胜利。因此，双方主力兵团围绕邵阳洲进行了激烈的争夺。

曹景宗和韦睿是梁军本次大战的主将。曹景宗是先期到达战场的，他在战争开始一个月就率军来到这里，但三个月的时间里，他并没有取得什么好看的战绩，一直跟魏军僵持着。

在这种僵持对峙的局面中，虽然曹景宗的军队并没有什么损失，但钟离城里的昌义之受不了呀。他就三千人，再怎么英勇顽强，也难以长时间顶住百倍以上敌人的日夜攻击。作为援军，你不能老在战场外围磨磨叽叽，得用实际军事行动给出有利于城内守军的结果。但元英、杨大眼等人都是打仗好手，以曹景宗的水平，无法获得优势。

但随着强人韦睿的加入，僵持的战局被打破了。韦睿接到救援钟离的军令后，一分钟也没耽搁，带着部队从合肥北部的沼泽地抄近道急行军赶往钟离。他的手下将领及士兵知道魏兵强悍勇猛不好对付，都劝他不要这么真心实意地拼死赶路，能慢点就慢点，越慢生命就越安全。韦睿说钟离眼下危在旦夕，我们即使飞车奔马前去营救，恐怕都来不及，怎么可以故意迟缓？

面对将士存在的惧战心态，他信心十足地宽慰大家说：“魏人已堕吾腹中，卿曹勿忧也。”北魏军打仗的那一套全在我的意料之中，你们不要担心，打败他们易如反掌。

韦睿讲这话还真不是吹牛。随着他的到来，魏军的噩梦也到来了。

韦睿到达钟离水域后，当晚就登陆邵阳洲，并在夜色掩护下偷偷筑营。等到天亮的时候，一座攻守兼备的营垒拔地而起，门前挖有对付步兵集团冲锋的深壕，立有防止骑兵冲击的木桩，这些工程的完工都是在一夜之间。最关键、最令人难以置信的是，这座营垒距魏军在邵阳洲上的大营只有一百多米！

魏军睡觉的时候，他们的大营前面还是一片平地，等早上起来上厕所时，却发现大营前已经有了一个敌人的小区。这建房速度也忒快了，建房手法也太隐蔽了，以至于元英惊讶得以为是海市蜃楼。他明明记得昨晚还啥都没有的，怎么一闭眼一睁眼，就发生了沧海桑田般的巨变？面对韦睿的速度，见多识广的元英也禁不住惊叹着用手杖敲击地面，发出深深的感慨：“是何神也！”

见敌人跑到了家门口，魏军猛将杨大眼不乐意了。这位大眼睛将军勇冠三军，《魏书》赞他“当世推其骁果，皆以为关张弗之过也”。这就是说他是北魏第一勇将，魏人觉得关羽、张飞都比不过他。

这人确实厉害，后来还曾在没喝醉的情况下跟老虎搏斗，老虎居然不是被他打死，而是被他活捉。这可比《水浒传》里的武松厉害多了，武松要不是靠十八碗“透瓶香”壮胆，根本不敢上景阳冈的。

这样的猛人，还怕敌人吗？于是杨大眼领着一万多名骑兵进攻韦睿刚刚建立的大营。这杨大眼果然凶悍，兵锋所到之处，沟壕被填平，拦马桩被摧毁，骑兵部队直接冲进梁军大营。

韦睿临阵不慌，在营房外围阵地被踏平后，他将所有的战车全部集合结成圆阵，两千名弓弩手站在战车后面。杨大眼畅通无阻地闯进大营后，立即指挥骑兵将战车阵无缝包围，并发起快速冲锋，试图利用人高马大的优势，踏平战车阵。但马再快也没有箭快，就在骑兵即将靠近的时候，两千张弓弩齐发，锋利的铁箭飞蝗一般地射向魏军。正在高速冲击的魏军遇到如此密集的箭雨，死伤无数，有的当场被射死，有的中箭受伤从马背上摔下来被马踩踏而死，很多骑兵被利箭穿透铁甲，直中肉躯。杨大眼自己也被射中右臂，只得败退而去。

第二天一大早，元英亲自率军，再次对韦睿大营发起攻击。这次韦睿悠闲地乘坐着自己的标志性Logo——两人小板舆，手里还拿着用白色牛角制成的如意，云淡风轻地指挥作战。一天里早、中、晚外加下午茶时间，打了好几次，元英占不到任何便宜，也只好退军回营。

当天深夜，魏军又来攻城。这次他们模仿韦睿，对梁军发起箭攻。几千人在营外多路排开，朝着营垒箭如雨下。密集的箭雨太有杀伤力了，让城头的梁军没法现身抬头。为了给士兵打气，韦睿亲自走上城头组织反击。韦睿的儿子韦黯见敌人箭雨太密集，拽着老爸请他暂时下城躲避一下。韦睿拒绝，坚持在城头顶着飞矢，镇定自若地观察敌情，下达各种命令。

这时候的战况形势非常紧急，梁军处于不利局面。像萧宏那晚在洛口一样，大营里也突然发生了夜惊现象，危险的战场态势让大营里的梁军斗志涣散，军心扰动。这个时候，是决定成败的最关键时刻。如果此时有一个士兵恐惧地喊一声，我们败了，快跑吧。那情况绝对是难以收拾的。有一个人跑，就会紧跟着有两个人跑；两个人跑了，就会很快跟上去四个、八个……一旦如此，便是兵败如山倒，汹涌的败势将无可阻挡。

韦睿深知这点，在军营夜惊的时刻，他没有像萧宏那样，把战局搞得不可收拾，而是稳稳地站在城头，以严厉到可怕的口气咆哮呵责那些已出现惊慌情绪的将士。他的淡定、稳定与坚定，最终压制住了即将蔓延的大溃退，并使局面发生反转。魏军久攻不下，士气衰竭，不得不再次撤退。

元英没想到小小的钟离城会让自己骑虎难下颜面丢尽，他原本计划八十天攻克钟离，赶在冬天来临之前结束战斗的。谁知道几乎打了两个八十天，自己还在城下望城兴叹。

不过钟离虽然还在南梁手中，但城内已是万分紧急。由于魏军不分白天黑夜地放箭，士兵都只能住在地道里，上街办事时，身上必须背着个门板，以门板作为盾牌，防止被流箭射死射伤。城内粮食已经不多，兵员伤亡很大，再这样下去，昌义之坚持不了多久就会被破城。

梁武帝萧衍这次全程关注战斗进程的发展，他知道钟离已岌岌可危，再不解决围城魏军，钟离城破人亡的结局将难以避免。而一旦魏军占领钟离，长江防线将会永无宁日，自己也会麻烦缠身。基于这个严重影响，萧衍决定彻底解决钟离大战。

为了能打败魏军，萧衍想到了火攻的办法。他给曹景宗和韦睿分别指派了作战任务，曹负责攻击北桥，韦负责攻击南桥。在此之前，曹景宗还按照萧衍的指令，特地打造了一批船体高大的战舰，作为攻击浮桥的主力舰。一切准备就绪之后，终于在三月份等来了一次绝好的总攻机会。

三月是淮河的雨季。当然，古代的三月是指农历三月，那时候还没有公历。农历三月相当于公历的四五月份，正是淮河流域淫雨霏霏的日子。大雨不停，淮水暴涨六七尺，使得梁军特制大舰的甲板几乎跟魏军架设的浮桥桥面等高，这给梁军带来了绝佳的破坏浮桥的机会。战舰开到桥边，士兵不用攀爬，直接就可以跳上桥面跟敌人拼杀，省却了仰攻的被动状态和可能的巨大伤亡。

总攻开始当日，梁军兵分多路，万舰齐发，一路扫杀邵阳洲上的魏军，一路攻击钟离城下之敌，一路破坏桥梁。最关键的一路是负责对浮桥进行火攻的军队。一艘艘小艇里堆满了柴草，柴草下面灌满了作为助燃剂的膏油。这些小艇被点燃后，带着冲天大火顺水流向浮桥，靠着浮桥猛烈燃烧起来。霎时间，河面上黑烟滚滚，烈火映红了湍急的河水，敢死队员们跳上浮桥，砍断固定浮桥的木桩与绳链。很快，浮桥就被河水冲向下游，不知所踪。

元英看见淮河大桥中断后，怕被梁军堵住退路，率先弃城逃跑，杨大眼也纵火焚烧掉自己的军营退兵而走。其他的城垒、军营得知元英逃走后，顷刻间土崩瓦解，所有魏军再也无心抵抗，四散逃命，偌大的战场上到处都是疲于奔命的魏军，所谓的决战，已经变成了梁军对魏军的单方面屠杀。

这一战，魏军被斩杀了十几万人，另有十几万人被逼跳入淮河逃命，但那么大那么急的洪水，最后都逃脱不了被淹死的结局，还有好几万人被生擒活捉，成为俘虏。钟离城外，死尸遍地，淮河两岸一百里的范围内都是尸体，惨不忍睹。梁军缴获的军用物资堆积如山，牛马驴骡，不计其数。

就这样，一切都结束了。但韦睿派人通知被包围五个多月之久的昌义之胜利的消息时，昌义之悲喜交加，恍然如梦，连感谢的话都不会说了，只是嘴里不停地喃喃念道：“更生，更生！”可能是说自己和城内士兵的生命又重新开始了一次的意思吧。

事后，昌义之为感谢曹景宗、韦睿的救命之恩，不但请两人吃饭喝酒，还多方筹集了二十万钱，请两人在州政府赌博娱乐，随便赢钱。不过韦睿没有拿这个钱，他跟曹景宗掷骰子，点数明明比他大，却故意假装不小心弄翻骰子输给曹景宗。

韦睿真是个完美的将军，不贪不抢，对士兵特别爱护。每次战斗结束后，别人都抢着向朝廷报功，只有他从来不作声、不申报，仿佛自己从来不曾有功，跟东汉的“大树将军”冯异的作风颇为相似。他当官所得的俸禄和赏赐，全部用来接济亲朋故旧，家无余财，两袖清风。

而曹景宗却跟韦睿恰恰相反，此人作战虽然勇猛，但却是个好钱、好酒、好色的“三好”将军，家里光漂亮的姬妾就好几百个，个个披金戴银，衣着锦绣，跟韦睿那儿赢点儿钱，一回家就花到姬妾身上去了。

梁军这边战后又是喝酒又是赌博地高兴庆功，魏军那边就惨了。元英、萧宝寅、杨大眼都逃回了都城洛阳。北魏宣武帝元恪无法接受钟离之战的惨败结果，朝中大臣也要求对三人，尤其是元、萧二人追责，认为元英战场调度不力，作战计划错误，负责浮桥安全的萧宝寅没有尽到守护大桥的职责，致使军士后退无路，应该将两人处死以谢天下。

但元恪考虑到这两人一个是自己的堂叔，一个是邻国投诚的亲王，处以死刑不太合适，便将两人一撸到底，削职为民。杨大眼则被贬到营州当普通士兵，这相当于流放了，营州在东北地区，即今天的辽宁省朝阳市，一个冬天特别冷的地方。不过，三个人后来很快就被重新起用，因为战场上缺了他们还真不行。

元英复出后在跟梁军对阵中多次胜出，他一路追击梁军，从河南省信阳市一直追到湖北省的安陆市，意欲洗刷邵阳之耻。紧急时刻，萧衍又调来韦睿拦截魏军。当元英杀气腾腾地来到安陆，得知挡在他前方的梁军主帅是韦睿时，什么话也没说，下令全体后转撤退。

不过跟钟离大战比起来，这都只能算小打小敲的水平了。钟离之战是南北朝时期少有的百万级的兵团大战，也是南朝最后一次大规模战争，此后，直到陈国灭亡，再也没有发生过这么多人参战的战斗。

这场大战对南北关系产生了不小的影响。北魏在这场战争中损失太大，自建国一百多年以来，北魏从来没有哪一次败得如此之惨。而对于南朝来说，这次钟离大捷是继刘裕北伐大捷之后最辉煌的胜利。

钟离之战令北魏元气大伤，最终导致了南北军事实力产生了互换似的变化，北强南弱变成了南强北弱。自此开始，北魏的军事力量开始走上下坡路，而南梁的实力则在此战之后逐渐爬升。特别是在北魏分裂成东魏、西魏以后，南梁更是一国独大，不把两个北方小国放在眼里。

第三章　萧衍和他的弟弟们

萧衍在后世知名度最高的弟弟，就是那个在南北大战中连敌人影子都没见到就临阵脱逃，跑得屁股生烟的萧宏。不过，萧宏之所以广为人知，是因为臭名远扬。

历史上有这样一种人，说出他们的名字，大家都知道；但说到他们的所作所为，大家都鄙夷唾弃，比如指鹿为马的赵高、东窗事发的秦桧、口蜜腹剑的李林甫……当然，萧宏的知名度还不至于跟前面这三位一样级别，但本质是一样的，因为臭，所以名。

萧衍有七个弟弟，两个哥哥。两个哥哥萧懿、萧敷跟他是同母兄弟，可惜的是，这哥俩都在萧衍成为皇帝之前就死了。剩下的七个弟弟中，萧畅跟萧敷一样死于任上，萧融则在东昏侯萧宝卷杀死萧懿后针对萧家兄弟的大搜捕中被杀害，最终，只有五个弟弟享受到了萧衍革命胜利的果实。这五个人都被爱弟如子的萧衍封了王，除了临川王萧宏外，还有安成王萧秀、南平王萧伟、鄱阳王萧恢、始兴王萧憺。

后面四个人中，萧秀和萧憺是同一个母亲所生。不过这兄弟俩小时候没有充分享受到亲妈的爱，在萧秀十二岁、萧憺九岁的时候，妈妈就去世了。老爸萧顺之便将两个小不点儿交给侧室陈氏抚养。陈氏正好没有孩子，白捡了两个儿子，特别高兴，对他们精心付出，把两人培养成了素质特别高、特别有爱心的好青年。

在萧衍刚登基的天监元年，京口一带因为兵变军与政府军多次在此交战，百姓流离失所，饥寒交迫。萧秀不忍看到这种民不聊生的景象，便拿出自己的私人钱财接济百姓，使许多人免于死亡。

萧秀这种行为还真不是作秀，他的确有着一颗大爱仁慈的心，对别人充满着宽容与友爱。曾有人投掷石头砸死了他所饲养的鹄。鹄是一种水鸟，跟大雁差不多，要不怎么说鸿鹄之志呢。砸死安成王家的宠物鹄，这事儿不小，可以刑事立案了。朝廷官员准备查办此案，逮捕杀鹄凶手。但萧秀并不愿追究此事，他的宽恕理由相当以人为本："吾岂以鸟伤人。"他觉得如果为一只鸟的死亡，去处罚伤害一个人，太过残忍且太小题大做了。

还有一次，在外地担任刺史的萧秀因公到京城办事。早晨洗漱完毕后，厨师给他送餐，没想到这厨师是个马大哈，端盘子的时候，手一滑，把饭菜全部翻扣到了地上。饥肠辘辘的萧秀眼睁睁地看着香喷喷的饭菜掉在自己的脚前。若是换成萧宏，那厨师怕是要遭大殃，但他幸运地遇到了萧秀。萧秀连一句责骂都没有，也没有让厨师给自己重做一份吃的，因时间紧迫，他急着去办事，就这么饿着肚子忙了一上午。

在江州、荆州、郢州等多个地区担任刺史时，萧秀都是一心扑在工作上，把现在那些形容劳模的词汇放到他身上恰如其分：兢兢业业、勤勤恳恳、任劳任怨、恪尽职守……每到一地，他都着力为当地民众造福，兴修学校、访贫问苦、缉捕盗贼、救济民众，是一位很少见的把互相抵触排斥的官民关系处成鱼水情深关系的古代郡王。他从郢州离任的时候，当地百姓万人空巷，跟在他身后痛哭流涕地把他送出郢州地界。因为郢州百姓从来没有遇到这么好的官员，他们舍不得萧秀的离开。

萧秀最后的工作职务是雍州刺史，萧衍本人的龙兴之地，为了稳定雍州，萧衍把自己特别看好的弟弟萧秀派到雍州去主政。当雍州百姓听说萧秀要来当刺史时，举州欢腾，他们高兴地组织了许多百姓走到很远的地方去迎接萧秀，但最后他们跟郢州百姓一样，痛哭流涕地回来了。

很不幸的是，萧秀在赶往雍州赴任的路上病死了，死时只有四十四岁。这年龄于现在这个六十岁领取退休金都嫌早的社会里，绝对属于英年早逝，但在南朝算是正常寿命，比人均寿命值还略高一些。他的弟弟萧憺跟他差不多，四十五岁去世的。古人的寿命不高，最重要的原因是医疗条件差，不能进行复杂的手术，以至于很多今天看来微不足道的小毛病，都能引发生命终结的悲剧。

萧憺跟萧秀的感情特别深，在得知哥哥死讯后，萧憺悲恸欲绝，“自投于地，席稿哭泣，不饮不食者数日”。痛苦得在地上撞击打滚，跪在草席上流干了思念的眼泪，好几天不吃不喝，最后，他把自己的全部财产都捐献给了萧秀的部下左右，让他们去分钱，使萧秀手下的工作人员每个人都腰包鼓鼓地离开了。

萧憺对哥哥萧秀一直都很大方，他是荆州刺史，每年的俸禄丰厚。但他的工资不是他一个人花，而是跟萧秀一起花，“憺久为荆州刺史，自天监初，常以所得俸中分与秀”。“天监”是梁武帝萧衍使用的第一个年号，也就是说，从萧衍刚当皇帝那会儿起，萧憺就跟哥哥共同享用自己的年薪，每年发一百万，弟弟五十万，哥哥五十万，二一添作五地平分。

这种无私融洽的兄弟关系，真是没得说了，有几个人能做到？最关键的还有萧秀对弟弟给自己巨款的态度，“秀称心受之，亦弗辞多也”。萧秀花着弟弟的工资，内心平静安定，没一点儿不好意思的感觉，就像子女花着父母给的钱那样心安理得，可见两人关系之近，感情之深，已经到了你的钱就是我的钱那种不分你我的地步，早已远离了那种我老婆生孩子，你给了一万块喜钱，等你孩子结婚时，我再封给你一万五红包的低级随礼阶段了。

萧憺、萧秀这哥俩各方面优秀品质很相近，都具有难得的悬壶济世的悲悯情怀，主政一方时自始至终坚持以民为本，为民谋福。

有一年长江发大洪水，暴雨如注，江水汹涌，长江大堤随时都有溃破的危险。萧憺作为高级干部，不是只躲在办公室里指挥，而是不惧危险，冒着大雨跑到大堤上跟百姓一起抗洪抢险。大家都劝他不要待在堤坝上，到安全的地方看看就行了，但萧憺坚持不下堤坝，还说了一句掷地有声的话语："王尊尚欲身塞河堤，我独何心以免。"

王尊是汉朝太守，他在黄河大堤上防汛抗洪时，为了阻止河水上涨冲毁河堤，亲自将白马投进水中祭祀黄河水神河伯，最后见河水依然狂涨，他竟然叫群众把他自己绑了扔进去，以换取黄河的安宁平静。

萧憺说自己愿意以王尊为榜样，如果需要，也可以以身祭河，拯救苍生万民。这个桥段后来被施耐庵写进了《水浒传》，在介绍萧嘉穗时，为了突出他的高贵血统，施耐庵几乎原封不动地引用了《梁书》里的这段文字。

萧姓自魏晋南北朝到唐朝时期，都是身份显赫的门第大姓。历史上著名的大美女，隋炀帝的萧皇后以及唐初宰相萧瑀就是萧衍的后人。其实现在不少姓"肖"的，以前也都是这个"萧"，因为"萧"字比较难写，为了普及汉字，大陆地区推行第二次汉字简化方案时，统一将笔画复杂的"萧"字改成了简单易写的"肖"。后来这种断裂传统文化的措施得到了纠正，但因为改动户口很麻烦，很多人便将错就错，以"肖"代"萧"了。

和萧姓同样命运的还有傅、阎等姓，也被简化成付、闫。像现在的娱乐明星闫妮、闫学晶，本来都应该叫阎妮、阎学晶的，在历史的长期误会下便入乡随俗了。

萧憺当然不会被丢进河里祭神，但他还真是从溃坝的河水里救了许多人的性命。有个村庄好几十个人因为躲避洪水，不得不爬到屋顶或树上。那时候的房屋不是水泥混凝土，都是泥巴土墙，经不得长时间被水浸泡的，所以躲到屋顶上是极不安全的。

萧憺为了将这些灾民救下，开出悬赏条件："一口赏一万。"宣布谁从水中救出一人，就奖励谁一万钱。看在钱的分儿上，许多水性好的男人都争先恐后加入救人行列，几十个心惊胆战待在屋顶和树上的灾民全部获救。

这样一心装着百姓的好官，得到百姓的拥护爱戴是再正常不过的事。萧憺后来被征召入朝的时候，当地百姓十分不舍，民间甚至出现了怀念他的歌谣：“始兴王，民之爹，赴人急，如水火。何时复来哺乳我？”

萧秀、萧憺的陵墓都在今天的南京市栖霞区，千年的时光已让当年气势恢宏的墓园变得破落凄败，只剩下零零碎碎的各种石雕荒凉地散落在旷野中。尽管如此，依然难掩那些残损石雕透露出的往日精致华美的气质。近几年，南京市加大了对这些残存石刻的保护，设立了好几个墓存遗址公园，有机会的话，建议大家去看看。那些历史文物穿越了十几个世纪，经历了风刀霜剑、雨刷雪掩，沧桑厚重的感觉能荡涤人的思想与灵魂，夕阳西下，漫天红绯，站在现实的时光里遥想古人，是一种完全不同于欣赏自然风景的美妙意境。

鄱阳王萧恢也是一个正面人物。对写书者来说，正面人物特别难写，因为他们的事迹不像奸臣坏蛋那样惊世骇俗和耸人听闻，写起来曲折离奇，吸睛效果明显。正面人物做的好事虽多，但都是正常范畴内的事情，一不小心就会叙述得如清汤寡水，索然无味。

萧恢是个跟萧秀、萧憺一样的好人，为了避免大家看得无精打采，这里只是简单说下萧恢的两个特点，以便把更多的篇幅留给惊世骇俗、耸人听闻的萧宏。

萧恢第一个特点是不聚钱财，喜欢帮助别人，“轻财好施，凡历四州，所得俸禄随而散之”。他先后担任过四个州的刺史，每年所获得的朝廷俸禄，他从来不存起来，而是随领随花，且全部花在了别人身上，用现在的说法，就是全部拿去做慈善了，去扶贫救困了。

他到益州做刺史时，那里交通特别闭塞，山路崎岖，狭窄难行。成都到另一个名为新城的地方相距五百里，贸易往来极为困难，徒步的话没法走，来回一趟得几个月，只能靠租赁马匹代步，但私人马匹出租的价钱很贵，不租又没有办法，供需矛盾闹得不可开交，多任刺史都解决不了这个令人头痛的老大难问题。

萧恢到来后，三两下就解决了这个困难。他用自己的俸禄买来一千匹马，免费交给民众骑乘，所有人按预约的先后顺序，依次使用，用完交回，循环往复，矛盾立解。萧恢似乎早就明白，其实世界上所有的矛盾，归根结底都是经济的矛盾，上来就用经济摆平了别人多少年都摆不平的难题。

萧恢另一个特点是特别能战斗，生孩子的本领超级强。据《南史》记载，他有一百个子女，其中三十九个儿子得以封侯，三十八个女儿被封为郡主、县主。真无法想象萧恢是用什么方法，能使自己在五十一年的生命里生出三位数以上的孩子的！

中国古代那么多皇帝，每个皇帝拥有那么多女人，但却没有一个人能生出这么多后代。就拿子女最多的宋徽宗赵佶来说吧，正史记载的他的子女有六十多个，即便算上他被俘后在东北地窝子里生的孩子，撑死了共八十个。至于子女数量位居前列的康熙、朱元璋、李世民等人，也就是在三十多到五六十之间。

正史记载中子女破百的只有一个人，汉景帝刘启的儿子——中山王刘胜。这位刘先生光儿子就有一百二十多个，如果再加上女儿，那数字就太炸人了。不过刘胜能造出一个整连队编制的孩子并不令人意外，因为他每天就知道沉迷酒色，他的人生座右铭在那儿摆着："为王应当日听音乐，玩赏歌舞美女。"刘胜觉得作为诸侯王，每天应该啥事儿都不管，就管欣赏音乐、玩赏美女就行了。

但萧恢并不是刘胜那种无所事事的纨绔子弟，而是一个拥有实职，需要忙碌处理公务的行政官员，在这种情况下，他居然能生出这么多孩子，真想问他一句：你到底是怎么做到的？

萧恢的世子叫萧范。世子就是在老爸死后，全盘接受老爸封爵和所有财产的儿子，别的儿子只能眼巴巴地看着，没资格得到老爸的任何一点遗产。这个萧范被皇伯父萧衍任命为合州刺史，镇守韦睿千辛万苦从北魏手中抢回来的合肥城。

侯景之乱爆发后，萧范得知萧衍被乱军围困在宫中，便想联合东魏军跟自己一起去建康营救伯父。为了让东魏出军，他把自己的两个儿子送到洛阳当人质，又把合肥让给了对方。哪知道魏人不讲信誉，占据了合肥之后，根本不鸟他，拒发一兵一卒为他作战。萧范赔了儿子又失了城，几万军队无处可归，只得在长江上到处游荡，因找不到食物，军士饿死了很多，最后他气得背疮发作而死。

不过大家也别因为他受骗上当就看不起他，他真心出兵，为救伯父倾家荡产的行为还是值得肯定的。如果萧衍的儿子们都像这个侄子一样真心实意去营救父亲，梁武帝也不会落个饿死的结局，戕害整个南中国的侯景之乱就不会发生。之所以会出现这种坏到不能再坏的结果，就是因为萧衍的那些儿子们故意隔岸观火，磨蹭拖延不去救援老爸。各种原因，下本书再细讲。

在讲萧宏之前，先把他的弟弟萧伟讲完，他俩是同一个母亲所生，从名字也能看得出来，取自"宏伟"这个词组。宏在前，伟在后，跟萧敷、萧衍的取名规律是一样的，不过那时候"敷衍"这个词组是个很有学问的褒义词，跟口若悬河、滔滔不绝的意思差不多。

一群弟弟中，萧衍最欣赏两个最有能力的弟弟，一个是萧憺，另一个就是萧伟。东昏侯萧宝卷在位时，在雍州当刺史的萧衍见朝政混乱，便暗自积聚力量以图将来，偷偷派人将在朝中任职的萧伟和萧憺招到他所在的襄阳。当他得知萧伟和萧憺成功离开建康时，高兴地对自己的手下将领说："阿八、十一行至，吾无忧矣。"萧伟排行老八，萧憺排行十一，所以萧衍才会这么称呼。

萧衍对两个弟弟的夸赞真不是客套话，后来的事实证明，萧伟、萧憺加入到襄阳阵营的意义太重大了，让萧衍率兵东进时可以只管一心向前，从不需要为后方担忧牵挂。这两个弟弟确实是太给力了，不然萧衍会很麻烦，当时的创业能不能成功都是个问号。

萧衍率主力离开后，派萧伟、萧憺留守襄阳。襄阳是雍州军的大本营，一旦失守，萧衍就跟着完蛋了，他在前线作战的部队马上就会作鸟兽散。因为一支后方大本营被敌人抄了的军队，是不可能还有心思打仗的。也正是基于这一点，在萧衍的襄阳军主力部队开拔后，附近的两名太守裴师仁和颜僧都打算攻击襄阳，两人约好了在襄阳城下汇合，然后一起攻城，夺下襄阳，让萧衍后院起火，无家可归。

萧伟得知消息后，决定主动出击，作战于城外，在通往襄阳的路上埋下伏兵，把裴师仁杀得片甲不留。颜僧都一看萧家兄弟这么生猛，吓得不敢出头了，于是襄阳得以平安保全。

后来荆州后方又出现紧急情况，鲁休烈和萧璝进逼荆州，把荆州军打得节节败退，荆州军司令萧颖胄被这两人搅扰得都抑郁了，最后忧愤而死。关键时候还是萧伟救了荆州的场子，他从雍州抽调了一部分军队给萧憺，叫他去增援荆州，很快就肃清了荆州周边的敌人。

萧伟的下半生身体一直不好，在萧衍代齐建梁后不久就得了重病，具体是什么病不知道，史料上只说是“恶疾”，这个病相当严重，到最后都不能胜任工作，只能待在家里休息。

萧衍为了关照这个弟弟，把他由起先的建安王改封为南平王，因为建安那个地方土地贫瘠，影响萧伟的赋税收入。其实萧衍也并不是按照郡王的标准给萧伟发工资的，每年给他开出的年薪远远超过南平郡王应该有的收入，具体的清单罗列出来有一大串：米一万斛，布绢五千匹，医药费二百四十万，厨房伙食费二十万，另拨给他三百名警卫员、服务员及各种杂役人员，全部由朝廷负担。这一年下来，没个两千万打不住。

不过您也别羡慕嫉妒萧伟几年下来就成了亿万富翁，萧伟并不是他哥萧宏那样的守财奴，他的钱跟萧恢一样，很多都用来做慈善帮助别人了。每天，萧伟都派自己的心腹手下走村串户到各个居民小区或者市场去观察民间疾苦，发现有特困家庭或急需帮助者，立即对其进行救济补助。

有个例子最能说明问题。太原人王曼颖死后，因家里太穷没钱买棺材安葬。他生前的好友江革前去吊丧的时候，王曼颖的老婆和儿子抱住江革大放悲声，向他哭诉家里没钱殡敛的窘况。江革劝慰他们说："建安王当知，必为营理。"江革说建安王萧伟应当知道这件事，他肯定会派人来处理的。话音未落，萧伟派来料理王曼颖后事的人就上门了。

像这样雪中送炭般的好事，对萧伟来说是家常便饭，他做得太多了，"每祁寒积雪，则遣人载樵米，随乏绝者即赋给之"。每年天寒地冻积雪深厚的冬天，萧伟担心那些底层百姓会缺衣少食，就叫人用车辆装着木柴和大米到处送温暖，只要看到谁家没有吃的没有穿的，马上从车上搬出柴米送给他们。

萧伟的这种宅心仁厚以及对贫苦百姓的深切爱心，和他的哥哥萧宏形成了强烈对比。

萧宏完全不同于他的哥哥弟弟们，他留给历史的印象全是负面的。如果总结他的一生，可以用四个特点概括之：他很帅、他很色、他很贪、他很蠢。

萧宏的帅是有史可查的，"长八尺，美须眉，容止可观"。可能是遗传基因的关系，萧家兄弟颜值都很高。萧恢是"美风表"，萧秀更是大帅哥，"秀有容观，每朝，百僚属目"。萧秀每次上朝跟明星似的，文武百官的眼睛都聚焦于他，看他优美的身材帅气的脸。萧宏没有帅到萧秀那种被人围观求签名的份儿上，但他也是浓眉大眼，美髯飘飘，魁梧健硕，尤其引人注目的是他的身高，好家伙，一米九的个头儿，玉树临风，往人群中一站，任何时候都显得出类拔萃、卓尔不群。

好了，写给他的正面褒赞词就这么多，以后就全都是贬义词了，因为他的所作所为，即使是走后门，也没法用得上褒义词。

说到词语，这个萧宏还真是歪打正着地创造出了一个跟自己有关的专属词条，这个词条流传千古，被后世诗人广为使用。这个词就是北魏人编的顺口溜"不畏萧娘与吕姥，但畏合肥有韦虎"中的"萧娘"。

唐代诗人徐凝的那首著名的《忆扬州》，开篇两字就是“萧娘”：“萧娘脸薄难胜泪，桃叶眉尖易得愁。天下三分明月夜，二分无赖是扬州。”现代著名作家郁达夫也有“离人又动飘零感，泣下萧娘一曲歌”的诗句，这里的“萧娘”一词便是来自萧宏的那次洛口大败。

只是这个当初专门用来羞辱萧宏，比现在的“伪娘”贬义度还高的词语，在流传过程中逐渐脱离原意，演变成了女子，尤其是被男子心有所恋的女子的通称，词性也由贬义变成了褒义。无数诗人在写自己中意或同情的美女时，都不厌其烦地引用“萧娘”一词。这大概是一无是处的萧宏无意之中留给后世唯一正面的东西了，为中华汉字词库贡献了一个唯美的词语。

无独有偶。隋唐以后，诗词中的女子泛称“萧娘”，男子则泛称“萧郎”。被单相思折磨了好久的大诗人崔郊在《赠婢》一诗中，便把自己称作“萧郎”：“公子王孙逐后尘，绿珠垂泪滴罗巾。侯门一入深似海，从此萧郎是路人。”巧得很，“萧郎”这个浪漫流行词的来源据说与梁武帝萧衍有关。

当年萧衍在南齐朝廷工作时，卫将军王俭看到这个器宇轩昂的小伙子，被他浑身散发出来的强大气场所折服，他感叹不已地跟同事预言说：“此萧郎三十内当作侍中，出此则贵不可言。”王俭断言，眼下籍籍无名的萧衍三十岁之内定会当上侍中级别的高官，过了三十岁以后会更加贵不可言。

王俭的预言只应验了一半，萧衍三十岁之前并没有发迹，到了三十五岁依然只是一个外州刺史，离显赫的侍中职位还相差甚远，不过说他三十岁以后将贵不可言倒是真的，还有什么比皇帝更尊贵的呢？

自王俭这句话之后，“萧郎”一词便大火了一千年，成为罗曼蒂克界男女最爱的词组。因为萧衍文武双全，风流倜傥，又是皇帝，所以，男人喜欢以“萧郎”自居，女人觉得这样的男人正是自己梦寐以求的情郎，因此，也爱把自己喜欢的男人呼为“萧郎”。

没想到萧衍、萧宏这哥俩分别承包了男女美称，这种奇迹，历史上未曾有过。

萧宏生活奢靡，尤好女色，妻妾成群，终日沉浸在温柔乡中，“后庭数百千人，皆极天下之选”。他府上后宅里有上千个从全国各地挑选出来的漂亮女人。一个男人占有上千个女人，这其实是一种惨无人道、丧心病狂的自私行为。

不知道这家伙在家里关这么多美女干什么，养眼吗？按照古代那种妻妾模式，一个男人，同时拥有超过三十个女人，即不具有生理上的意义，任你再欲望无穷，大多数妻妾也都只能独守空房。萧宏拥有上千个女人，可他一生只有七个儿子。这战斗力，也就是洛口败逃的水平。

这么多女人，甭管平时用不用得着，总得给她们饭吃、给她们衣穿、给她们珠宝戴、给她们地方住吧，就算是每四个人集体住一间宿舍，也得要两三百间房子，可见萧宏家里的钱真是太多了。

在上千个美女中，萧宏最宠爱的一个女人叫江无畏。江无畏虽然名字没有一点儿女人的脂粉味儿，但却长得国色天香，萧宏对她特别迷恋，在她身上花费无数，可以说是“一千宠爱集一身”了，“所幸江无畏服玩侔于齐东昏潘妃，宝屧直千万”。东昏侯萧宝卷对妃子潘玉儿的无上宠爱程度，上本书中有过详细介绍。萧宏对江无畏的宠爱颇有向他们看齐的意思，江无畏日常服饰与各种生活物品以及玩赏器物，都跟潘玉儿差不多，光一双宝屧就价值千万。

“屧”是古代的一种木底鞋，“宝屧”就是用珠宝做装饰的鞋子。不知道这双鞋子到底镶嵌了什么东西，这么值钱。要是用黄金做鞋底吧，太沉，迈不动步子。若是鞋面上缀满了十克拉以上的大钻石，倒是毫不让人奇怪。

只是钻石这东西在中国古代根本不值钱，晋朝以前，中国所有的历史典籍中从来没有过关于钻石的记载，直到萧宏所在的南朝前朝，才第一次出现“金刚石”一词，金刚石即钻石。可这种世界上最坚硬的东西，在中国古代根本不属于奢侈品，而是极为普通的实用品。“没有金刚钻，不揽瓷器活”这句话里的“金刚钻”指的就是钻石，古人把它作为钻头，主要用来给玉器、瓷器打眼钻孔啥的，全不知道这东西跟瓷器的价值比是一个乃百元大钞，一个是分角毛票的关系。

不是黄金，不是钻石，不知道是不是玉石和宝石，反正就是有钱，舍得为江无畏花钱，一掷千金可劲儿糟践。江无畏呢，她家里人因着萧宏的这层关系，像她的名字一样，对一切都无惧无畏，在京城横行霸道，仗势欺人，干尽了坏事，别人却拿他们没办法。

江无畏有个弟弟叫吴法寿，粗鲁凶悍，仗着姐姐的关系，公然杀人夺财，被告到官府。官府依法办案，派人去捉拿吴法寿。吴法寿被追急了，向姐姐求救，躲进临川王府。凶手跑进王府里不出来，办案人员只有干瞪眼，不能直接冲进王府去抓人呀。监察机关便向皇帝报告案情，要求缉捕吴法寿归案。

要说那时候的官员真是以法为绳，刚正不阿，连涉及当朝天子亲弟弟的案子，都不回避、不包庇，还敢去天子那儿告御状，这种臣子的存在以及告御状事件的出现，说明当时的萧衍也还不算昏聩到家，至少官员遇到权贵人物时不是万马齐喑退避三舍。

萧衍接到投诉状后，立即手写敕令派人送给萧宏，命令他马上交出吴法寿。萧宏不敢违抗命令，只好交人。当天，吴法寿就被斩首法办。这么快的判决，不是当时的司法效率有多高，应该是办案人员担心时间拖久了，萧宏会去找皇帝哥哥求情要人，所以飞速判处杀人偿命，叫萧宏的第一宠妾来不及吹枕边风翻转案情。

除了贪得无厌地占有美女，萧宏在财物方面更是贪得无厌。他对财物的聚敛近乎变态般地狂热，他的侄子豫章王萧综看不起这个贪吃蛇叔叔，模仿西晋文学家鲁褒的《钱神论》，写了一篇《钱愚论》，专门讽刺萧宏贪婪无度，是一个眼里除了钱，没有其他任何东西的守财奴、吝啬鬼。

萧综并没有一丝冤枉或者夸大萧宏对金钱的贪婪，他的所言都是客观真实的。萧宏虽然已是富可敌国，但对别人财物的盘剥与侵夺依然急不可耐、不择手段，“宏都下有数十邸出悬钱立券，每以田宅邸店悬上文券，期讫便驱券主，夺其宅”。萧宏是一个拥有仓储、商铺、宾馆等公司的特大型集团老板，在建康附近有好几十个旅店、商铺。

萧宏就利用这些档口对外开展高利贷业务。他有的是钱，谁要是来借高利贷，可以，想贷多少就贷多少，但有个条件，得以自家房屋或者土地作为抵押。用这种当铺似的贷款法，萧宏巧取豪夺了好多建康市民的土地和房宅。一旦贷款者发生资金周转困难，还不上贷款，哪怕即使过了一天，萧宏也不会有半点通融，立即叫人把原来的主人从家中和田地里强行驱逐拖离。时间一长，在京城建康乃至整个钱塘江及太湖流域的东部地区，好多人因此成了无家可归、无地可种的盲流，极容易引发群体性事件。

萧衍知道这个严重情况的时候，已经是“晚间新闻”了。针对萧宏的这种恶意侵占别人住宅和土地的行为，萧衍予以严厉制止，并为此特意制定了一条针对性法律条款，规定以后无论在何种情况下，任何人都不得以任何理由任何借口强制占有别人的田产与房产，即使契约上写明了抵押品，也不准夺取。这条差不多就是为萧宏量身定做的法律条款像一道防火墙，就此挡住了萧宏，不然还不知有多少人家的田宅会被萧宏恶意侵占。

不过萧宏无所谓的，他的钱太多了，南梁国首富的称号非他莫属。他家有个占地面积很大，拥有百间库房的仓库。这个仓库的位置处在萧宏卧房的后面，跟寝卧房间连接相通。让人感到吊诡的是，库房常年门窗紧闭，门口有人站岗放哨，门外有人日夜巡逻，禁止任何人靠近或者进入。

有人怀疑这些房子里面储存着刀甲武器，并向萧衍秘密报告了这件事。萧衍跟历史上的大多数皇帝不同，他把兄弟之情看得很重，所以对每个弟弟都特别宽容友好，真诚到恨不得掏心窝子给弟弟们看的程度。现在听说弟弟萧宏竟然私藏武器，有篡夺自己权力的嫌疑，这让他既失望又生气，心里老大不快活，决定亲自去萧宏家探个究竟。

某天，萧衍叫人送了一桌丰盛的酒菜给萧宏的宠妾江无畏，告诉她说，自己马上到临川王府喝酒聊天。萧衍知道，要找到弟弟，只要找到江无畏就行了，江氏在哪里，他就会在哪里。真是这么回事，萧宏对江无畏的爱恋程度到了日夜难分的地步，“宏爱妾江氏，寝膳不能暂离”。不知道是江无畏的魅力太大还是萧宏的迷恋太病态，反正萧宏是一刻都不能离开江氏，吃饭、睡觉都得跟她在一起。

萧衍到达后，三人一块儿欢宴，品美酒、尝美食，气氛融洽，不亦乐乎。但萧衍很快打破了这种亲切友好的氛围，酒喝到一半的时候，萧衍突然站起身对萧宏说：“我今欲履行汝后房。”我现在就想去参观一下你的后房。萧衍当天不光是带着酒菜来的，更是带着任务来的，他要在弟弟萧宏毫无防备的情况下突然查看他的后房，打他个措手不及，看看那些终年紧闭上锁的房间里堆藏的到底是不是别有用心的武器铠甲。

皇帝哥哥的这一招让萧宏猝不及防，他完全没料到宴席中途会出现这么个插曲，吓得呆若木鸡，站在那里不知如何是好，脸上呈现出极为恐惧不安的表情。萧衍见他变得如此紧张震骇，在心里已经认定那些房子里藏匿着武器，于是不等萧宏搭话，便疾步走到后房的院子里，命令打开所有的房间门锁，他要一间房一间房地仔细查看。

不看不要紧，一看吓一跳。当房门被打开的时候，饶是萧衍见多识广，也还是被眼前所见的景象惊呆了——房子里全是铜钱，堆得满满当当整整齐齐。每一百万钱作为一个钱堆，每个房间里有十个钱堆。

这可把萧衍忙坏了，他来来回回地仔细点数这样堆钱的房间，总共有三十多个，然后又扳着指头十而百、千而万地计算，发现算出来的数字简直都能撑爆右半脑了，居然多达三个亿以上。

而且这些还只是现金部分，另外几十间房子里同样堆满了值钱的物资，“余屋贮布绢丝绵漆蜜纡蜡朱砂黄屑杂货，但见满库，不知多少”。剩下的每间房子，打开门只看见从地面到房顶都塞得满满的，至于里面堆放的布匹、绸缎、蚕丝、棉花、油漆、蜂蜜、细麻、蜡烛等贵重物品的数量到底有多少，无法数清。

这个萧宏简直就是南朝版的和珅。名气比萧宏大很多的和珅跟萧宏一样，也专门建造了一大排房子用来藏匿贪贿搜刮来的金银财宝，这些房子现在还保存完好，就是北京恭王府进门右手边那排两层楼高的白墙红瓦房，当年这栋房子跟萧宏的后院房一样，从上到下堆得全是财宝，说不定精通汉、满、蒙、藏四种语言、喜欢读书的和珅的这种藏钱法灵感就是借鉴萧宏的呢。

在萧衍忙着检查藏钱库房时，萧宏都快吓瘫了，一种被抄家的恐惧漫溢全身，他手脚冰凉，尴尬无比。这么多年贪污受贿，明抢暗夺才积聚到这么海量的财富，现在一朝被皇兄发现，该怎么向他撒谎遮掩合理解释呢？他会相信吗？会没收这座金库以充国用吗……

然而，这一切的焦心忧虑都是萧宏的庸人自扰、杞人忧天，现实情况是怎样的呢？“帝始知非仗，大悦，谓曰：‘阿六，汝生活大可’”。作为当今皇上，萧衍在看到臣弟拥有远超自己合法收入的天量财富时，不仅没有生气、责骂和批评，反而大为高兴，笑呵呵地夸奖自己的这个六弟会理财、会生活：老六啊，看来你小日子过得不错呀！说完，又兴致很浓地拉着萧宏重新入席，继续开怀畅饮，一直喝到深夜，才打着饱嗝，举着火把回宫歇息。

萧衍这一莫名其妙地高兴，让萧宏也觉得莫名其妙，他的情绪像坐了一回落差巨大的过山车。刚刚还在深渊谷底，怎么眨眼之间又到云霄峰巅了？这是真的吗？真的是真的吗？我弄了那么多钱，他不怪罪我不处罚我，还表扬我给我戴小红花？

萧宏不理解萧衍当时的心情。从线人密报到自己说要看后房时萧宏脸上那个世界末日来临般的绝望表情，都让萧衍确信，那百来个关得严严密密的房间里，装的一定是准备用来造反的铠甲和武器，否则萧宏不可能那么紧张无措。在这种强烈的心理暗示下，却发现根本不是那么回事。萧衍当时这种前后情绪的落差，其实也跟坐过山车一样，突然从巨大的愤怒、巨大的失望到巨大的意外、巨大的喜悦。哦，原来并不是伤害兄弟情深的刀枪剑戟！那管它是什么呢，都OK，都没毛病。

从古代政治实践来看，皇帝多半都不怕臣下贪污腐败，只怕他们贪权谋反。在人治的政治模式下，贪腐反而是帝王驭臣的大法宝、大杀器。皇帝可以根据贪腐者的表现以及自己的现实需要，随时决定是否清算处理贪腐者。一旦对你不感冒，就以贪污罪把你拿下，证据确凿，依法办案，你喊冤都没理由和借口，因为你确实违法犯罪了。但皇帝若是喜欢你、需要你，就可以对你的贪污不过问、不处理，当作啥都没看见，啥都不知道。所以，好多怕帝王疑心自己图谋不轨的精明人，都故意主动装作欲壑难填，想着法子把自己的把柄交到帝王手上捏着，好让能随时决定自己命运的领导从此放心自己。

比如西汉名相萧何，多无私多正直多清廉的一个人，但为了把自己抹黑，故意恃权低价强买长安民众的土地，好让失地民众去向刘邦检举揭发自己。刘邦接到举报后果然开心，哈哈大笑着把一大摞检举他的信件交给他自己去处理。

还有那个帮助秦始皇灭掉好几个国家的天才级大将王翦。这位老兄更有意思，他的老板秦王嬴政交付六十万兵马让他攻打楚国，他还没出发就向秦王狮子大开口："请美田宅园池甚众。"要我挂帅打仗可以，我要良田，我要房子，我要带水景的绿地园林……在秦王大方满足了他的各项要求后，王翦率军奔向战场。即将和楚军正式开打时，王翦又来求红包了，先后五次派人向秦王索要田地赏赐。

别以为这位战国名将卑鄙无耻，他这是故意假装没有节操，让生性多疑的嬴政明白，自己虽然手握重兵在外，但只对金钱和不动产感兴趣，平生志向就是给自己的子孙挣一份大家业，至于君王最担心、最痛恨的拥兵自立的远大理想，那是一丝丝都没有的。

萧衍对亲弟弟萧宏的贪腐视而不见虽然不乏驭臣术的需要，但面对如此明显、如此巨大的贪腐案件，却波澜不惊淡然视之，甚至还出现了无论如何都不该有的兴高采烈的情绪。从这一系列的细节可以看出，梁武帝萧衍此时已不具备一个明君该有的清明特征了。

发生"后房门"事件的时间是天监十七年，当了近二十年皇帝的萧衍，这个时候身上已逐渐丧失了建国初期的那种清醒、英明、进取、公正等健康因子了，糊涂麻木、偏袒亲信、缺乏原则等不良现象开始滋生蔓延，可以说，帝国的隐忧，在此刻便已埋下了长长的导火索。

他就没有想过，萧宏在自己夺得帝位之前，只是个生活一般的中产阶级而已，才过去了十几年，他就跃变成家资数亿的巨富。如果按照时间平均一下，萧宏在他称帝之后，平均每天都有十万资产进账。十七年这么漫长的时间里，天天一睁开眼，账户上就多了十万块。这些钱从哪里来的？都是民脂民膏！作为帝国领导，萧衍对这种盘剥人民的蛀虫行为，对这种动摇自己统治根基的挖墙脚行为，居然不愤怒，不谴责，还给点赞送花，无论从哪方面来说，这都是不正常的。

畸树结畸果。一棵大树如果是畸形的，那么这棵树上所结的果实也一定不会是正常的。对于萧家而言，萧衍就是这棵大树，在经过最初的万物生长、枝繁叶茂之后，这棵树开始慢慢变异，而萧宏则是这棵挂满各种果实的大树上最早发生病毒性变异的那颗毒果，他变异到了连对他好得无话可说的皇帝哥哥都想杀，而且还不止一次。

其实就在上文写的萧衍自带酒菜到萧宏家把酒言欢的前半个月，萧宏就曾派杀手对哥哥进行过行刺。看到这里，大家可能会认为，萧宏的行刺计划一定是绝密异常，作为行刺对象的皇帝萧衍肯定不知道这个六弟想杀死他。

正常情况下的确应该是这样。但我说了，奇葩萧家是不正常的。萧衍后来完完整整地知道了事件全过程，可二十天不到，他又乐颠颠地跑到曾一心想置他于死地的凶手家，跟凶手快快乐乐地喝酒聊天话亲情。

作为君王，这样友好对待买凶弑君的当事人，历史上从来没有过。图谋刺杀皇帝的人，都是灭族连坐的，凌迟、腰斩、砍头、剁成肉酱，什么刑罚残酷用什么，哪有你一次杀我没死，下次我还给面子去你家陪你跟小老婆一起喝酒吃饭的？这不是宽容大度，而是一种病了。

萧宏的第一次行刺失败，是源于萧衍一次临时起意的改道。那天萧衍决定到秦淮河对岸的光宅寺烧香拜佛，行程路线头天就安排好了，要从萧宏王府门前的骠骑桥过河。

骠骑桥这个桥名，就是来自萧宏，因为萧宏的武职是骠骑大将军，这座架在他家门口的桥便以骠骑命名了。萧宏得知了这个情报后，便派了一个杀手提前埋伏在骠骑桥下，等夜间萧衍过桥时发动突袭，刺死萧衍。

没想到萧衍在即将出发的瞬间，突然心中一动，不想走骠骑桥了，该从旁边的朱雀桥过去了，于是逃过一劫。

后来这个行刺阴谋败露，刺客被捕后供认是骠骑大将军指使他这么干的。当萧衍得知这么出格的事情竟然是萧宏所为后，难过失望得无以复加，跑到萧宏面前涕泪长流地哭诉："我人才胜汝百倍，当此犹恐不堪，汝何为者？我非不能为汉文帝，念汝愚耳！"萧衍的一颗皇帝心被这个弟弟伤透了，他泪眼婆娑地训斥萧宏说，我的才能超过你一百倍，但身居帝位，仍然时常担心自己不能胜任，你为什么要做出这种蠢事？

萧衍责问萧宏的语气中似乎透着万分委屈。自己整天操劳国事，夙兴夜寐，如履薄冰。而且因为自己的关系，萧氏全家族都无条件地跟着享受荣华尊宠，你为什么要刺杀我这个给你们带来幸福的幸福之源呢？萧衍千万次地问，千万次地想，却怎么也想不通。

刺杀皇兄事件，彻底无遗地显示出萧宏的确是傻得冒烟。在以自己职务名称命名的桥上搞暗杀，这跟在杀人现场写上"杀人者某某也"有啥区别吗？另外，作为皇帝的弟弟，刺死皇帝他也得不到任何政治上的利益。即便萧衍真的被刺客杀死在骠骑桥上，继位为帝者也一定是太子。

其时的太子是萧统，即那个在中国历史上知名度和美誉度都超高的昭明太子。萧统当时十七岁，已当了十六年太子，在朝廷中威望很高，接班是顺理成章之事，轮到你萧宏什么事？即便把萧统也一并行刺了，皇位也还是跟萧宏无关，太子萧统还有儿子呢，就算皇孙不行那也该是太子的弟弟们啊，皇位永远是别人家的。

所以我们无法理解萧宏刺杀皇帝的行为到底是出于何种考虑，真的是除了愚蠢，没有其他原因了。

别看萧衍在萧宏那儿哭哭啼啼的，但他心里清楚得很，他也说自己可怜这个六弟愚不可及，并且以汉文帝刘恒处死自己有谋反意图的弟弟刘长的历史实例数落萧宏，说自己之所以没有效仿汉文帝的手段，是因为觉得你这个人太愚蠢了，杀了你显得我也蠢。刘长就是发明了豆腐的那个淮南王刘安的父亲，同样是皇帝的弟弟，他可比萧宏有种多了，因为想谋反夺权，被汉文帝下令流放蜀郡，后来死在流放的路上。

刘长流放的细节与本章节无关，但与前面的章节有一丝关联，他在流放期间的生活待遇，可以佐证上面章节中关于古人每天只吃两顿饭的论点。《汉书・淮南厉王刘长传》中记载了汉文帝给刘长的特供生活待遇："皆日三食，给薪菜盐炊食器席蓐。"汉文帝特别下诏，要求刘长途经的各地政府，按照每天三餐的标准给刘长供应伙食。可见"三餐制"在当时社会不是普遍现象，如果家家户户都是一日三餐，皇帝何必还要单独为这个常识问题而特别强调？所以，在汉朝时，一天吃三顿饭还是一种奢侈。

不过这种奢侈对萧宏而言，简直是小菜一碟，他一天的伙食费太吓人了。仅仅因为喜欢吃鲫鱼头，他的王府每天就买进三百条鲫鱼。他跟后房妻妾们各吃所需，我吃鱼头你吃鱼胃。天天三百条鱼哪能吃得下？妻妾们便把吃不完的鲫鱼随意倾倒在路边。在物资匮乏的年代，如此暴殄天物，实在是罪莫大焉。

以上说了许多萧宏的傻蠢笨，但这些都不是最劲爆的猛料，萧宏还有更大的丑闻——乱伦。而且他的乱伦对象竟然是自己的亲侄女，萧衍的长女，永兴公主萧玉姚！

萧衍一共有九个女儿，萧玉姚是老大，被封为永兴公主。萧衍把她嫁给了自己少年时代的好友殷睿的儿子殷均。殷均身体不好，经常生病，而且个子矮，皮肤黑，公主一点儿都不喜欢这个驸马，还经常对老公实施家暴，动不动就叫自己的侍婢把殷均捆起来戏弄一番。

至于夫妻生活，就更别提了。每次殷均跑她卧室里想跟她亲热一回，都被她以各种奇葩的方法成功阻挡，用得最多的方法是在墙上写字。当她得知老公要来找自己过夫妻生活时，就拿起毛笔，在卧房墙壁上到处写字，满壁写的只有两个字：殷睿、殷睿、殷睿、殷睿……当殷均带着浑身外溢的爱情多巴胺兴冲冲、慌忙忙、急匆匆地跑来时，看到满墙壁都是老爸的名字，哪还有求欢的心情和胃口？只得带着被侮辱、被损害的受伤心灵远远逃离。

在避讳制盛行的古代，父亲的名字对于儿子而言，是永远的敏感词和屏蔽词，在别人面前直呼别人父亲的名字，相当于现在挖别人祖坟，别人的反应绝对是天崩地裂式的，更遑论把别人父亲的名讳直接暴晒在墙上，这简直是极致的仇恨与侮辱了。

殷均实在受不了，把公主的种种不合妇道的行为反映到皇帝老丈人那里。萧衍没想到女儿这么不遵妇道，气得把女儿暴打一顿，“帝以犀如意击主，碎于背”。萧衍下手也够狠的，用犀牛角制作的如意在女儿背上猛打，把犀如意都打碎了，这得用了多大的劲儿呀。

无论父亲怎么打，永兴公主依然故我，就是不愿意对丈夫殷均动情，却和叔叔萧宏私通到了一块儿。这两人年龄差距挺大的，血缘关系又那么亲，还隔着辈分，就这么毫无障碍地凑到了一起，真是让人既跌眼镜又掉下巴。不知道是萧宏的风流倜傥吸引了她，还是又蠢又坏又帅的特质吸引了她，或许两者兼而有之吧。

翻开中国史书，男女私通的事例满篇都是，哪朝哪代几乎都普遍存在，真没什么大惊小怪的，但家族内部男女乱伦的例子还真不多。情欲在道德面前多半时候是不敢逾越和放肆的，因为一旦撞破红线，当事者付出的代价将是毁灭性的。

可萧宏和萧玉姚这对叔侄混合动力的欲望列车，不仅连闯红灯，甚至打算一不做、二不休，把控制和调度列车的交通信号灯和车站都一起给撞倒碾平了。两人在床第之间颠鸾倒凤的同时，还密谋杀死萧衍，改天换地。

这主意当然是萧宏想出来的，他怂恿永兴公主利用作为女儿的便利条件杀死萧衍，然后由他来当皇帝，一旦事成，即封她为皇后。这么荒唐不靠谱的事情，永兴公主却真的当作毕生事业去做了。看来有些女人陷入感情的旋涡后，不是智商为零，而是智商为负数。

萧玉姚对萧宏这种沙滩上誓言般的承诺也深信不疑，还真的为之采取了行动。她也不想想，弟弟杀死了哥哥，夺了哥哥的皇位，又娶了哥哥的女儿，还昭告天下，将自己的侄女封为皇后。这在讲究孝道伦常、以儒治国的古代，怎么可能会发生？明显是一种骗局嘛。但永兴公主就没往这方面想，她想统领六宫，想和叔叔天长地久，于是不顾一切地投入到刺杀父皇的行动策划之中。

机会来了。萧衍笃信佛教，是一个特别虔诚的佛教徒，经常进行各种斋戒仪式。有次进行比较重要的斋戒活动时，萧衍要求女儿也一起参加。这正是永兴公主求之不得的，她决定利用这次机会杀死父亲，帮助情人叔叔登上皇位。（这话怎么这么别扭？）

为了确保行动成功，公主绞尽脑汁，想到了一个男扮女装的招数。她找来身边两个奴仆，给他们交代了刺杀任务，让他们身藏利刃，穿上侍婢服装，打扮成婢女模样，随自己一起进宫参加斋戒仪式，在仪式现场伺机杀死父亲。

一切安排妥当后，公主带着两个杀手来到宫中。可那两个扮成公主婢女的杀手太紧张、太害怕了，在跨过宫里头的门槛时，吓得双腿哆哆嗦嗦不听使唤，把脚上的鞋子都弄掉了。这种反常行为让宫廷警卫对二人产生了怀疑。警卫觉得，公主的侍从不应该表现得这样惊慌，没理由呀。想来想去，他们觉得这两个婢女有问题，但又觉得这种怀疑违反常理，公主身边的人怎么可能会有问题？因为涉及永兴公主，警卫不敢做主，便将这个可疑点反映到丁贵嫔那里，请她定夺。

丁贵嫔是太子萧统的母亲，她是萧衍后宫中的最高负责人。萧衍在称帝前曾有一个原配嫡妻郗徽，即永兴公主的妈妈。只是郗徽没有看到老公的发达，在萧衍还是雍州刺史的时候就病死在了襄阳。入主建康以后，萧衍一直没有立皇后，丁贵嫔成为名义上的皇后，全权负责管理后宫事务。太子的妈妈，她不管谁还敢管？

当丁贵嫔得知警卫反映的情况时，也怀疑这两人是刺客，但又不敢把自己的怀疑告诉皇帝，她知道皇帝也不会相信的，哪有自己女儿雇人来杀老爸的？而且这老爸还是皇帝。这么想着，丁贵嫔便把这事儿压了下来，然后外松内紧地暗中安排了防范措施，以备万一。她叫人偷偷在房间幕布后面隐藏了八个膀大腰圆的轿夫，令他们见机而动，保护皇上。

当第一项斋坐活动结束后，永兴公主对老爸动手了。中场休息的时候，永兴公主说有重要事情想向萧衍汇报，希望老爸能屈尊移步到另外一间房中，她要避开众人，单独跟老爸说。

大女儿要私下跟自己说事情，作为老爸，萧衍肯定不会拒绝的。他答应了女儿的请求，转身向旁边一间没人的房间走去。

永兴公主的戏演得很足，她假装欣喜激动地走上台阶，不紧不慢地向父亲走去。趁着萧衍背对着自己的时候，两个杀手按照事先约定的计划，突然发力向前狂冲，风一般地越过台阶上的永兴公主，直扑萧衍而去！

躲藏在帷幕背后的那八个潜伏护卫者将这一切看得清清楚楚，他们一拥而出，将这两个人摁倒在地。这瞬间发生的惊天巨变把毫不知情的萧衍吓得跌坐在地上，他后怕不已，如果不是帷幕后提前安排了人，自己这时候已经血溅当场了。

警卫人员从两个刺客身上搜出了两把锋利的尖刀，马上在现场紧急审讯。两名刺客老老实实地交代自己是受临川王萧宏指使，并将萧宏和永兴公主之间的奸情和盘托出。

萧衍在审讯现场听得惊心动魄，他万万没想到，自己真心相待的六弟又一次要置自己于死地；他更万万没想到，自己的亲女儿不但全程参与指挥了刺杀案，还长期跟亲叔叔通奸。他受不了这种家丑的打击，急令秘密处死那两个公主的家奴，并将永兴公主驱逐出皇宫，从此不准她再踏进宫门。

不过即便是没有拉黑永兴公主，她也没机会再进宫了，这事发生后不久，她就死了，“主恚死，帝竟不临之”。“恚”是愤恨、怨怒之意。搞不懂这位公主是怎么个意思，刺父、弑君被抓，不仅不后悔、自责、羞愧，反而愤怒生气，还亲自把自己给气死了。搞得好像她跟父亲萧衍有多大血海深仇似的，显然这公主偏激了点。

不过，凡事总有起因，女儿如此憎恨父亲，应当是父女间有一些不为外人知的矛盾，但史书没有有关这方面情况的记载，具体原因，我们便无从知晓。萧衍做得也绝，女儿死后，他都没去吊丧。

同样是刺杀案的策划人和推动者，萧衍对女儿恩断义绝，对弟弟却悌爱不减。如果就事论事，像萧宏这样两次对皇帝实施暗杀的人，放在任何朝代、任何皇帝手下，他都会被赐死的。

赐死这结果还是沾了亲王的光，如果没有这层亲缘关系，会被各种酷刑处死，在汉朝他会被车裂，在唐朝他会被腰斩，在明朝他会被剥皮抽筋，在清朝他会被一刀一刀剜割凌迟……没有一个皇帝会对想暴力剥夺自己生命的人心慈手软，但梁武帝萧衍对萧宏却连一个指头都没动，还一如既往地对他关爱有加。

行刺未遂事件后，不知道是悔恨抱歉还是郁闷遗憾，萧宏病倒了。这要是搁一般人，肯定捂着嘴巴偷乐，就这么病着吧，祝愿早日被病魔战胜！可萧衍得知萧宏生病后，特别在意，十分牵挂，“自疾至于薨，舆驾七出临视”。在萧宏生病到去世的这段不长的时间里，萧衍总共去临川王府慰问探望了七次。

真不理解萧衍的这种滥爱行为，兄弟俩见面说什么呢？不尴尬吗？面对暗杀自己又玩弄自己女儿的弟弟，何至于如此热情热心？有时候这样的所谓以德报怨境界高远，其实是一种不讲是非、没有原则、善恶不分的表现。对恶人的善，就是对好人的恶。人生在世，总得区别善恶、有所爱憎，分明一点，反而更加真实，更为符合正常人性。

公元526年，五十四岁的萧宏病死，走完了他奇葩的一生。

萧宏墓在1997年被发掘，墓中还发现了四颗牙齿，不知道是否是萧宏本人的。萧宏墓园的石刻遗迹尚存，在今天的南京市仙林大学城附近，现在已被辟为石刻公园，里面残存有雕刻精美的辟邪、华表、龟趺，虽然数量很少，但透过每一件石刻斑驳古老的外表，依稀可见墓园当年的气派与宏大，这和萧衍在萧宏死后给他举行盛大隆重的葬礼的史实是契合的。

第四章　四次舍身为哪般?

梁武帝萧衍的各种事迹已说了不少，这一章专门讲讲他痴迷佛教的事情。

佛教是个舶来品，从古印度那边传过来的。自东汉明帝时期进入中国以后，很快便风靡中国信仰界，达官贫民、男女老少全面通吃，你信我信大家全信。

外来的佛教之所以能在很短的时间里就能在民众信仰领域占据主流地位，固然与其宣扬的因果业报、生死轮回、来世幸福等教义契合乱世中百姓寄希望于未来的美好期待有关，但更为重要的决定性因素，就是许多像梁武帝萧衍这样的皇帝亲自参与其中，成为佛教的拥趸者，以其特殊的身份、地位和权力，非同寻常地推动了佛教在中国的普及化。

魏晋以前，佛教虽然已广泛传播，但也只能算是风生水起阶段。那时候，中国本土派的道教还在跟佛教抢地盘，争教众。但自南北朝以后，除极个别朝代的短时期外，道教彻底干不过佛教了，信众规模跟佛教完全不是一个量级上的。

南北朝时期，很多皇帝都主动结缘佛教，成为佛教扩散、兴盛的重要人物。比如前秦皇帝苻坚曾表示自己发兵攻占襄阳就是为了得到高僧释道安；后秦皇帝姚兴把西域僧人鸠摩罗什奉为国师；就连石勒、石虎这对残暴嗜杀的君王也对一心向佛的佛图澄尊以师礼。

尤其是石虎，他下诏说佛图澄和尚是国之大宝，必须对佛图澄特殊对待，规定朝会之日，常侍官给他抬轿，太子王公在两侧搀扶，值班官员还要高喊：“大和尚至！”在场所有人员听见喊声后，必须起立致敬。不仅如此，石虎还规定司空要每天去问候佛图澄的起居如何，太子王公则每五天去拜见他一次。

皇帝将和尚抬高到这种份儿上，和尚所代表的佛教自然也尊享至高无上的地位。

南北朝以后，佛教一直游走在庙堂高位，和皇权相伴相生，没有哪一个朝代的政权能脱离佛教或大或小的影响，很多皇帝都跟佛教渊源不浅。

结束了中国三百年大分裂局面，实现华夏大一统的隋文帝杨坚在寺庙里出生，在寺庙里成长，尼姑把他一手带大到小学毕业；中国历史上唯一的女皇帝武则天，发迹于寺庙之中，是唐高宗李治脱下她的尼姑服，给她穿上宫妃装，最终她反转龙凤，打破了皇帝这个职位专由男人垄断的惯例；明太祖朱元璋更曾是如假包换的真和尚，他正儿八经在皇觉寺当了好几年和尚，打坐念经，化缘撞钟，这些庙里的业务活，他都是干到了高级技工的水平；从黑土地入关的第一个清朝皇帝顺治，不爱龙袍爱袈裟，吵死吵活不当皇帝，非要出家去做和尚，在愿望无法实现后，还怅然若失地写下了“吾本西方一衲子，无奈落入帝王家”的偈语，让人为之不胜唏嘘。

作为皇帝，萧衍也跟上面所说的诸多同行一样，视佛教为生命，把念佛、拜佛、尊佛、弘佛当作一生最纯粹的信仰和最重要的事业，我们甚至可以这么说：在对佛教狂热的程度上，没有任何一个皇帝能和梁武帝萧衍相比，他是皇帝群体中的“爱佛一号”，他登基称帝后的所作所为，都是围绕着“佛”的主题，他真的是把自己有限的一生，投入到了无限的为佛服务的事业中去了。

萧衍的尊佛从他登基的第一天就开始了。他强迫萧宝融禅让帝位给他的那天是四月初八，在这一天，他君临天下，主宰国家。而四月八日对于佛教徒来说，是个非常重大的日子，这天是佛祖释迦牟尼的诞辰，被称为“佛诞日”，佛教徒会在这天举行各种庆祝仪式。

虽然史书上没有对这个日子进行过特别解释，但萧衍把即位之日定在这一天，应该不是巧合，而是有意为之。在佛祖诞生的那一天，一个皇帝诞生了，这是多么值得纪念，多么值得向佛祖献礼致敬的日子！

不光是即位日的选择，年号也很能说明问题。年号是古代皇帝用于纪年的名号，新君即位，更改年号是例行程序，叫作改元，表明属于自己的时代元年开始了。萧衍登基后，废除以前的老年号，改元“天监”。“天监”就是上天监督的意思，包含着浓厚的佛教意味。人在做，天在看。我这个皇帝做得怎么样，请上天诸神佛关注、监督我，这和佛教提倡的神不灭理论一脉相承。

其后，萧衍不断更换年号，可以说每一个年号都带有佛教意味，都是在向佛祖表现忠诚。“普通”意为佛法普遍通行；“大通”表示佛法非常通行；“大同”的意思是佛法非常相同；“太清”是说佛法特别清明自然……萧衍总共改元七次，用了七个年号，每个年号都跟佛教有关，这人对佛的迷恋真是没的说了。

萧衍当了四十八年皇帝，七个年号虽然在皇帝中不算少，但若按使用时间平均下来，每个年号用七年，也不算多。好多皇帝的年号只用一两年就废了改新的，有的一年几改，最多的一年改过四次元，跟神经病似的，大家还没来得及记住就又改了。

不过改元这事儿不需要任何法定程序，完全看皇帝本人的心情和想法，想改就改，张口就来。就拿改元次数占据历史榜单第一、第二的武则天和李治这对夫妻皇帝来说，两人整天闲着没事就琢磨着改元改年号，总共搞了三十二个年号。自汉武帝发明年号以后，所有皇帝的年号加起来五百多个，这对冠亚军夫妻就占了十几分之一的比例。

看他们的年号命名，随意得不得了，比给孩子取名简单多了。儿子李显出生了，就改元“显庆”；觉得大佛的脚印很吉祥，就改元“大足”；吃了“长生药”，感觉自己没准儿可以长生不老了，就改个“久视”玩玩；希望自己再活他个五百年，那就改元“长寿”……

还有和萧衍同时代的东魏，因为在砀郡捕获了一头体型威猛高大的大象，于是改元叫“巨象”。历史书上看着特别庄重的年号，其实经常就是这么有喜感地得来的。

在崇佛、礼佛的过程中，梁武帝萧衍也做了不少在旁人看来极具喜感的事情，比如他四次跑到寺庙舍身这个系列事件，就是既荒唐又好笑。

普通八年，即公元527年，这一年，萧衍已经在位整整二十五年了。对于人生而言，二十五年是一段非常漫长的时间，能将一个人改变很多，甚至面目全非。四分之一世纪的皇帝生涯，已让萧衍失去了初为人君的奋发、敬业与进取之心，这个时候，作为皇帝，他已经不算太称职，因为他经常无心处理国家大事，而是一头扎进了佛学的海洋里。

早在天监十八年（公元519年），萧衍就接受佛戒，正式皈依佛教，法名冠达，成了一个带发修行的俗家弟子。此后，皇帝似乎成了萧衍的副业，朝廷很多事务他都交给臣下去处理，自己一心扑在了佛教事业上。

皈依两年后，他就在皇宫对面大兴土木，斥巨资建造了一座寺庙，就是历史上赫赫有名的同泰寺。同泰寺内楼阁高耸，宝殿宏大，还有当时十分罕见的高层建筑——九层佛塔，巍峨壮丽地挺立在寺中，成为建康城的坐标性建筑之一，京城百姓老远看到高高的宝塔，就都知道那是同泰寺。

为了方便自己出入寺庙，萧衍还建设了配套设施，特地在皇宫开了一道门，正对着同泰寺大门，这样他可以出了宫门就进庙门，安全快速，还没人看见，相当于现在的机场贵宾专用通道。

同泰寺为什么在当时和后世都那么大名鼎鼎呢？就是因为萧衍的缘故。他几乎每天都要到同泰寺里去拜佛念经，寺庙里有他专用的房间。在这座寺庙里，梁武帝萧衍四次舍身，震惊天下和后世，同泰寺也因为帝国领导萧衍的这种极致疯狂行为而名扬天下，流传于史册。

舍身，就是舍去凡身，供奉佛祖的意思。佛教徒主动牺牲自己的肉体，以表明佛法的大慈大悲。看到老虎跟它的一堆幼崽快饿死了，怎么办？不能眼看着老虎一家老小饿死山头呀，那么好，我来用身体喂老虎吧，让老虎们把我吃了充饥管饱。所谓“舍身饲虎”即是如此。

“舍身”这个词完全是佛教语言，今天的成语“舍生取义”“舍身成仁”都是从这儿转化来的。打佛教传入中国那会儿起，佛教文化就全面介入了中国人生活的方方面面。

我们今天频繁使用的很多词语或成语，如果不刻意去追本溯源，没几个人会知道它们其实都与佛教有关。像方便、智慧、平等、普遍、世界，全是来自佛教词汇。还有成语盲人摸象、皆大欢喜、一刀两断、天花乱坠……也是出自翻译的佛经故事。也难怪鲁迅在《中国小说史略》一书中说：“六朝尤其是唐以后的文学作品，其中源于佛教的成语，几乎占了汉语史上外来成语百分之九十以上。”

梁武帝的舍身倒不是肉体上的付出，而是另一种不同的层面，他是为了表示自己对佛法的虔诚，把自己布施到寺庙为寺奴，无条件为寺庙打工服务，捐献财物什么的。

527年三月初八，六十四岁的萧衍到同泰寺舍身，在寺庙里吃住、念经、劳动三天后，于三月十一日回到皇宫。这是他的第一次舍身，没闹出一点儿动静，静静地来，悄悄地去。如果都是这样，那即使萧衍舍身一百次，这件事在历史上也都只会是轻描淡写，不会闹出后来那么大的动静。

安静了两年半之后，529年九月十五日，萧衍又一次来到同泰寺，这次他是来寺庙举行“四部无遮大会”的。“四部”指比丘（国内一般称为和尚）、比丘尼（国内一般称为尼姑）、优婆塞（国内一般称为居士）、优婆夷（国内一般称为女居士）四种不同身份的佛教人士；“无遮”就是不分高低贵贱、不必保守遮掩，众生平等，畅所欲言，大家在一起共同研讨交流佛法心得。

“四部无遮大会”是梁武帝萧衍首创的，这是中国佛教史上的第一次“四部无遮大会”，后来这个大会一直被佛教界继承。2017年七月，河南嵩山少林寺还举办了“少林寺无遮大会”。萧衍大概不会想到，他创立的这个“四部无遮大会”，在近一千五百年后还有生命力。

萧衍当天到庙里后，似乎做好了打持久战的准备。他脱下皇袍，穿上僧侣法衣，自己动手打扫整理那间皇帝专用的休息室，搬来一张旧木床放在室内，又弄来了一些陶罐、陶碗、筷子、茶杯等简单的日用品，把里面布置成了一个苦行僧的简易歇息之所，当晚就睡在里面过夜。第二天，萧衍登上佛堂讲台，给四部人员口若悬河地讲解《涅槃经》。

萧衍的佛学造诣是非常高的，在中国所有皇帝中当是数一数二。他著有很多佛学著作，精通佛经，口才也很棒，经常拉着一大帮臣下到寺庙里听他讲经，呱啦呱啦能连讲七八十来天不歇嘴，白天讲不完，晚上加班接着讲，比佛学院教授辛苦多了。他还结合社会现实，独创性地提出了儒、道、释“三教同源”说。

儒家、佛教、道教自并存以来，总是互相排斥，不能兼容，都说自己最正宗、最伟大、最正确，应该坐头把交椅的位子。这样来来回回，上上下下，多少年都没个最终结果。到南梁时，萧衍发明的“三教同源”把三大教派定性了，说儒、释、道三教本源是相同的，老子和孔子都是佛祖如来的学生，佛教是明月，儒、道是星星，都是天上客，和美一家亲。

经他这么一解释，原来并立不容的三教变成了关系融洽的吉祥三宝。虽然他这种观点难为后世所认同，但在当时，基于他的地位与宣传，这个说法被不少人认同接受，对缓解三派成员的思想冲突，巩固皇权统治地位，创建和谐社会，具有相当大的促进作用。

跟以往一样，萧衍这次在同泰寺的讲经大课，又是电视连续剧模式。一天讲不完，第二天接着讲；第二天还没讲完，第三天继续……一连讲了好几天，《涅槃经》终于讲完了，根据现场反馈的效果来看，这场四部无遮大会开得很成功、很热烈、很圆满。

胜利的大会开完了，朝廷文武大臣都望眼欲穿地等着皇帝回宫处理政务呢。有好多事情必须要他本人亲自拍板定夺，他不在，所有的重要工作都没法开展，进行不下去。但无论朝臣如何心焦，都等不到皇帝回朝了。萧衍告诉他们，他不想当皇帝了，他要舍身为寺奴，出家为僧，为佛教事业而奋斗终生。

你说这萧衍是不是故意的？真想出家当和尚，要信仰不要权力，可以呀，你把皇位让给太子，把权力交接掉，没人拦着你。像现在这样霸着皇位，又说不稀罕做皇帝，这跟马云说一点儿都不喜欢钱，跟刘强东说自己是脸盲，根本不知道老婆漂不漂亮没啥区别。

大臣们知道皇帝的意思，不就是想用这种方法为寺庙搞一笔资金吗？皇帝金口玉言宣布舍身寺庙，臣下想让皇帝回宫当皇帝，那就是僧人还俗了。佛教不像有的邪教，一进教门，终生不得退教，若是退教，会有专门的教会人员去报复行凶，弄死弄残都属正常。佛教不是这样，进不进，你随便；留不留，你随意。皇帝如果想要还俗，没问题，但当时怎么着也得掏点钱给寺庙意思意思吧，不然这么来去匆匆的，多不庄重，显着对佛祖的不敬。一句话，给点身份置换金，走人。

大臣们没有法子，只好凑钱赎人，跟寺庙谈判，最终以一亿万钱的赎金成交。这些钱可不是国家财政资金兜底，而是满朝文武“主动”捐款得来的。一个整亿！萧衍的这出场费价格比现在的许多当红小鲜肉明星还高。

不过，梁武帝的这“一亿万”钱到底是十万枚铜钱还是今天概念的十个一千万，学界吵来吵去也分不清楚。

古代数位序列是万、亿、兆、京、垓等，《风俗通》《太平御览》等书上都有“十万谓之亿、十亿谓之兆、十兆谓之京、十京谓之垓”的记载。要按这个算法，萧衍这次的一亿赎金只相当于十万铜钱。可这又很难让人信服，因为根据同时期的史料，南梁那会儿，百万、千万的计数分得很清楚。萧宏的传记里就有相关内容。梁武帝萧衍在突袭式检查萧宏的后房仓库门时，有这样的文字：“每钱百万为一聚，黄榜标之，千万为一库，悬一紫标，如此三十余间。”这个记载很明显告诉我们，萧宏们知道十个一百万是一千万，而不是“十万谓之亿”的计算法。

如果支付给寺庙的赎金真的是现在概念下的一亿，那么问题来了：萧宏以亲王之尊和集团公司老总之利，敛财十几年才储蓄了三亿现金，说明三个亿在当时是很天文的巨款了。那萧衍一次赎金就需要消耗亿万富翁萧宏毕生财富三分之一这种事儿，就很难有说服力了。毕竟文武大臣们都是拖家带口过日子的政府公务员，一下子集资这么多无偿捐出，有点不真实。

可如果真是十个一千万，似乎也有点不真实。那得堆积如山呀！萧衍时代使用的是五铢钱，拿西汉海昏侯李贺墓中出土的五铢钱来对比下，就知道一亿五铢钱是多么庞大的体积。李贺墓里有两百万枚铜钱，大约七吨重。按照同样比例测算，一亿五铢铜钱的重量可达到三百五十吨。

不过萧衍时代币制混乱，民间盗铸铜钱蔚然成风，五铢钱名不副实，重量顶多只有三株。即使按照每枚三株的重量计算，也是两百多吨。

这么多的钱真让人晕菜，让人迷惘。到底是十万还是一千个十万，本书暂不做定论，各位见仁见智吧。

这次巨款赎身后，梁武帝萧衍得到了一个类似高级职称般的称号：皇帝菩萨。菩萨嘛，在众生眼中一直是普济众生的形象。萧衍觉得他信佛拜佛是普济众生的善行，其实正是他这种疯狂变态般的崇佛行为，最后给他个人和国家都带来了灭顶灾难。单就这舍身赎身，对凑钱的大臣而言，就是一种灾难。你在寺院请客，却叫别人去替你埋单，这不害人吗！

对凑钱给皇帝赎身的大臣来说，灾难并没有结束，可以说是多灾多难。因为又有第三次舍身了。

大同十二年（即中大同元年，公元546年），距上一次舍身十七年之后，八十三岁高龄的萧衍再次跑到同泰寺舍身。当然，他出发去寺庙的时候，不会告诉别人自己是去舍身的，他说自己去讲经，这次讲的是《金字三慧经》。讲了多长时间呢？三月初八开讲，四月十四日才讲完。

一个皇帝，并没有退位，却一个多月时间都不在皇宫处理朝政，只在寺庙里晚上备课，白天讲佛经，把国家大事长期抛却在九霄云外。这哪能叫皇帝，只能叫方丈或住持。

对于萧衍这个人，有不少人评价他是明君，我对此嗤之以鼻，这个老头名副其实是个糊涂蛋，真的是老糊涂了。他早该把皇位让出来了，但他知道，要是让出皇位，他再去舍身，谁还会筹钱给他赎身？所以，萧衍一生都将权杖要得很好。

这次说好的讲经，他讲着讲着，就放出话来，说不当皇帝了，要住在寺庙里当和尚了，以后就这么一直讲下去，做一个渊博的学者型和尚。大臣们一听他这么说，个个脸都吓黄了，这不又是钱包要放血的节奏吗？没得说，掏钱吧！于是满朝文武人人随份子捐钱，要把皇帝从同泰寺赎出来。这回价码提高了，两个亿。

史书很明确地记载了这几次赎身钱不是来自国家财政，而是来自臣下的捐献。当然，这种捐献毫无疑问是被迫的，你敢不捐试试看。

《南史》写的是“皇太子以下奉赎”；《魏书》里说“内外百官共敛珍宝而赎之”；《资治通鉴》记得更明确：“群臣以钱一亿万奉赎皇帝菩萨。”是“群臣”凑出来的钱。

不过，这些赎身钱最终的埋单者还是南梁的老百姓。官员们知道堤内损失堤外补，他们在皇帝身上失去的钱，会从老百姓身上加倍榨回来的，不然他们的生活质量怎么保障？所以，萧衍这种舍身行为，归根结底还是加在百姓身上的负担。一个心里只有菩萨，没有百姓的皇帝，怎么可能会有好下场？

在最坏的下场来临前的最后一刻，萧衍又捞了一张亿元支票。太清元年（公元547年），也就是上次舍身后的次年，萧衍又跑到同泰寺舍身。如果要严格算起来，距上次舍身还没到一年。去年是三月初八去的寺庙，今年三月初三他就急不可耐地住到了庙里。

真是没完没了了，如果不是两年后死于侯景之乱，萧衍百分百还会去舍身，他玩这个上瘾了。

跟前几次一样，萧衍说，我舍身为寺奴了，把自己裸捐给佛祖了，你们别来庙里找我了。大臣们一听这话，心里其实是一万匹羊驼在奔腾不息，到底还有完没完啊？又来这招？去年那个贷款还没还清，今年又来，还让不让人好好活了？

但他们也只敢在心里偷偷骂骂而已，嘴上和行动上却表现出没有皇帝在，自己完全失去了主心骨的感觉。大家在太子的带领下，排队组团去劝说萧衍，皇上你快回去吧，没有你，世界寸步难行；没有你，我们的心空如大海；你不在的日子，大伙想得简直都活不下去了！

萧衍回答说，我才不回去呢，舍身，我可是认真的。其实认真个毛线， 见到钱马上就不认真了。大臣们没辙，只得再次捐款赎人。谁敢不捐？你捐了皇帝不一定记得，但你不捐，皇帝可一定会记得，所以就是砸锅卖铁也得先把钱凑齐交到寺庙里。

这回赎金又恢复了老规矩，一个亿，赎身的模式跟第二次一模一样，“百辟诣寺东门，奉表请还临宸极，三请，乃许”。全体文武官员来到同泰寺东门，呈递奏章，请求萧衍重返金銮宝殿主持工作。递一次奏章可不行，总共去了三次。第一次，萧衍没答应；第二次，萧衍不同意；第三次，大臣们告诉他，为了不辜负你对佛祖的尊崇之心，我们已经支付一亿钱为你赎身了。萧衍一看，哦，转账成功了呀，那就先回去吧，过两年再来。幸亏过两年他就死了。

看到这里，肯定有人会为同泰寺庆幸，觉得这个寺庙太幸运了，什么都没做，几亿巨款就轻松入账，花起来一定超爽。这属于想太多、太美了。那个钱虽然是以寺庙的名义搞来的，但这属于皇帝的小金库，寺庙里哪个管事的敢用这个钱？

这笔钱的性质应该是类似于今天的慈善基金或者信托基金，寺庙对钱进行日常管理，但没有使用权，必须在萧衍的授权下才能享有支出使用权。比如寺院说想造几排僧人宿舍，装修大雄宝殿，增加金身佛像什么的，肯定可以从赎身款中支出，但如果说打酒、割肉、买包包，那就休想了。

以萧衍的佛性操守，这笔款子最终全部用在和佛教相关的事情上是毫无疑问的，像后来重建的十二层佛塔费用，估计就是出自这笔款子。

萧衍四次舍身历时越来越长，从最初的三天到之后的半个月，最后两次在寺庙一住就是一个多月！国家大事、天下黎民于他都是不值一提的浮云，他的思想、他的心灵、他的意识，已全部被佛法占领，此时，皇帝真真切切只是他的兼职副业，他已把和尚僧人当成了自己的第一身份。

萧衍四次舍身寺庙的行为荒诞透顶，贻笑史册，这种疯狂行为，中国历史上闻所未闻。信佛的皇帝很多，出家的皇帝也不乏其人，但都是在退下皇位后才进入寺庙的，像萧衍这样既当皇帝又热衷做和尚的，几千年就出了这么一个。

一个人有宗教信仰并没错，但凡事过犹不及，任何信仰都应该保持平和之道，萧衍真的是在这方面走火入魔了，沉溺其中，不能自拔。

在第三次舍身被赎回宫的当晚，同泰寺就发生了火灾，那座高大的九层佛塔被大火烧毁。萧衍不知道这是消防工作没有做好，而认为是有妖魔鬼怪故意捣乱搞破坏，“此魔也，宜大作法事”。他对大臣们说，这场烧掉宝塔的熊熊大火是妖魔劫数，要降服妖魔，就应该扩大诵经祈祷规模，把妖怪镇服赶走。

这种神魔观点倒是不能怪他，那会儿的人极缺乏自然科学知识，对自然界的山川江海、风雨云雷、地震旱灾等领域科学知识的了解根本就是零，当赤地千里、江河决堤，或者雷电击中皇宫里的建筑物时，皇帝都会主动减膳、斋戒素食、面壁思过，虔诚无比地向根本就不存在的江神、河神、雷神表示诚惶诚恐。十几个世纪后的皇帝尚且如此，对萧衍这方面的认知我们还是不作要求了。

但对他不惜民脂民膏试图重建佛塔的冲动，我们应给予批评。在九层佛塔烧毁后，萧衍竟然说，妖魔越破坏，我们越要大兴土木，越要建造出比它们烧毁的更高的佛塔来。于是在原址兴建十二层高的佛塔。可惜的是还没等完工，侯景之乱就爆发了，这个工程也随之永久烂尾。

永泰寺这个和梁武帝萧衍的名字连在一起的天下名寺，后来毁于战火，湮没于历史的尘埃。

现在南京市有个鸡鸣寺，很多人说鸡鸣寺就是当年的同泰寺，这个说法绝对没有历史根据，鸡鸣寺所在的位置根本不是当年南梁皇宫所在地，要知道，南梁皇宫与同泰寺隔路对门，近在咫尺。皇宫在哪里，同泰寺就在哪里，不可能存在于离皇宫很远的鸡笼山上。因此，可以肯定地说，同泰寺的遗址目前还埋藏在鸡笼山以南的地下，至于什么时候能重见天日，大约只有天知道。

第五章　不近女色不食荤

说来真具有戏剧性，梁武帝萧衍这么一个以事佛闻名的天子，早年竟是信奉道教的。道教徒可能会不甘心地发问：为什么会这样？这究竟是为什么？我想萧衍的这种信仰转变，可以肯定跟南齐竟陵王萧子良有关。

看过上本书的读者应该都还记得，萧子良对佛教有着无比热忱的兴趣，他引领了南朝时期的第一个佛教发展高峰期。萧衍作为萧子良一手打造的“竟陵八友”成员之一，信仰必须是要跟萧子良一致的，佛教的核心圈里面，怎么可能允许异教徒存在？这是绝对不会发生的事情，所以，在南齐时代，萧衍就已经信仰佛教了。

因为如果不信佛教，就不可能进入竟陵王的一环内朋友圈，你一个道教徒，凭什么在我们佛教圈里混得风生水起？道不同不相为谋。如果萧衍迷信老庄之道，“竟陵八友”里断不会有他的名字。

那个口才和文采都很出众的大才子范缜，不就是因为拒绝改变《神灭论》的立场，而一直被排斥在萧家主导的文坛与官场主流阵地之外吗？所以，虽然萧衍是在天监三年才公开昭告天下，表示自己舍道归佛，但其实他早已是资深的佛教徒了，这从他刻意选择的登基日以及精心选择的年号就能看出。

之所以在称帝第三年突然这么大动作地搞出“舍道归佛”的声明，不用想都知道是出于政治考量，无非是想成为佛教徒的精神领袖，得到众多佛教徒的拥戴，招徕更多人加入佛教圈，为巩固稳定自己的萧梁政权服务。

因为萧衍极为特殊的皇帝身份，作为佛教信徒，他的多项好恶与决定都影响了后世的佛教发展，有些现在看来已深入人心的佛教界行为，其来源和形成都和萧衍相关，比如和尚吃素的习俗，就是跟他的提倡与推广连在一起的。

在今天的中国，不管信不信佛教，大家都知道这样一个基本常识：和尚不吃荤，只吃素。这条佛教戒律其实是萧衍规定的。

要是认真说起来，“佛教徒不吃荤”一直是佛教流传下来的老传统，不过，早期被佛教禁止吃的“荤”其实根本不是鸡、鸭、鱼、肉一类的食物，而是指葱、蒜、姜、韭菜等几种气味浓重辛辣的植物食材，因为他们认为吃这些东西会影响心智、性情，破坏修行。

也就是在南梁时期，明明是“草字头”的“荤”开始演变成了今天人们认知意义上的各种肉食性食材的总称。梁武帝所在的南梁之前，佛教在家修行的居士以及庙里的和尚，都是可以吃肉的，煮着吃、烤着吃还是涮着吃，随你口味。

当然，那会儿还没有现在这么完善的炊具，煎炒烹炸等美食厨艺当然也就没有出现。中国人真正享受舌尖上的美味，是唐宋以后的事情。

不过，南梁前佛教徒吃肉也并不是无条件放开随便吃的，而是有具体规定标准的：可吃“三净肉”。即不见、不闻、不为自己所杀。没亲眼看见动物正在被人宰杀、没有亲耳听见被宰杀动物的痛苦惨叫声、动物并不是因为自己而被宰杀的。满足这三种情况，什么肉都可以大快朵颐。

那时候，如果僧人到你祖先家做客，你祖先盛情款待，给他端来一只清炖老母鸡，并客气地对他说，一定要全部吃完哦，这可是特意为你这个贵客买来的鸡。这句话一说，和尚定会把吃到嘴里的鸡肉忙不迭吐出来，因为这只鸡是因他而死，不属于“三净肉”的范畴，吃了就犯戒。

佛教在中国的分系很多，在汉传佛教、南传佛教、藏传佛教三大分支中，现在只有汉传佛教完全禁止进食荤腥，其他两种都是可以吃的。汉传佛教也是从萧衍开始才强制禁荤，之前是没有这种戒律的。

像萧衍的前老板萧子良，虽然也极力提倡素食，但也并没有像萧衍那样采取一刀切的武力禁止手段。钟嵘的哥哥钟岏就曾经因“食蚶蛎不为食肉”的观点和萧子良进行过激烈辩论。

蚶蛎是一种生活在浅海中的类似河蚌的生物，现代人常食用的大众海鲜之一。钟岏的老师何胤特别喜欢吃蚶蛎，但吃这种生物到底算不算是杀生吃肉呢？何胤纠结地叫他的学生就此问题进行专题讨论。钟岏说，黄鳝螃蟹被宰杀时，它们会疼痛得身体扭曲颤动，而蚶蛎这东西，没有眼睛没有嘴，莽荒混沌，比草木都不如，跟无知无觉的瓦砾一样。这样的东西应该长期成为厨房里的美味，想吃就吃，不算是吃肉。

当这种论调传到萧子良的耳中时，萧子良跟他们师徒激辩了一场，并写了一封长信给何胤，告诉他，蚶蛎虽然是水产品，但一样有生命，不能把它们当作食物。

当然，萧子良只是平和地建议何胤以后不要再吃蚶蛎和其他一切肉食，而且还以诚招代理的精神，欢迎何胤师生加入他的素食协会，并没有采取任何的强硬手段迫使他们停止吃肉。到萧衍主政的时代，佛教徒禁止吃肉食才作为一种制度被固定下来，并一直流传至今，成为汉传佛教的一大特色。

佛教徒不吃荤有多方面的原因。佛教倡导众生平等，每一个生命，只要它存在，就享有和人一样的生命权，人不能残害其他生灵，不能弱肉强食，否则会下地狱；另外佛教相信前世来生、六道轮回，他们矢志不渝地认为，每一种生命都有前世载体，前世行善积德，来世就投胎成贵人，前世德行不修没有积善，就会投胎成低等动物。那些猪呀、狗呀、鱼呀、鸭子呀等一切动物，很可能前世就是自己的朋友或亲属投胎变来的，吃他们就有可能是吃自己的男女眷属、亲戚朋友。

没有这种宗教信仰的人可能觉得这很好笑，但梁武帝萧衍对此坚信不疑，因此决定在南梁国佛教界推行禁荤戒律，倡导素食。他向全国颁布了《断酒肉文》，明文规定天下僧尼不得食肉，对于在禁肉令下达之后仍不改吃肉习惯的，一律开除出佛教队伍，责令还俗。

这条戒律颁布后，当时佛教界的反应，有点出乎今人的预料。虽然是最高指示，但大部分僧众并没有向最高领导表示衷心拥护、坚决执行，反而认为这条戒律不合理，觉得皇帝管得太宽，他们继续一边念佛，一边享受舌尖上的快感。

其实素食概念当时已经存在，只不过不是僧侣队伍的主流行为，而只是在有道高僧间传播。换句话说，素食行为在当时的僧侣间还属于阳春白雪、曲高和寡的高尚行为，有理想、有信念、有意志的僧人才能做到这一点，大部分僧人不愿做，也没必要这么做。你吃菜，我吃肉，但并不影响我们都是佛祖的合格弟子。

和萧衍同时代的梁朝僧人慧皎所著的《梁高僧传》里记载的两百多名高僧中，提到素食的大概只有二十个，可见僧人吃肉在那时属于家常便饭。

为了推行自己的禁肉令，梁武帝萧衍实行一手硬、一手软的两手抓策略，一方面强制执行，另一方面邀请德高望重的高僧开办讲座，向僧众宣讲吃素的众多好处。他自己更是多次披着袈裟，举行盛大的讲经会，反复向教徒灌输吃肉的种种恶果、吃素的种种福报，积极倡导以素食为荣、以吃肉为耻。

从遗存的众多历史资料记载推断，萧衍的讲课水平应该是很高的，动不动就举行规模了不得的无遮大会，他一个人在主席台上讲，底下几万人在竖着耳朵听。

不过我对历史的记载真是又好奇又怀疑，古代没有扩音设备，一个人到底是如何做到自己在台上讲话，底下广场上的好几万人都能清楚明白地听见每一句话的？人的声音再大，又能传出多远？怎么可能几万人都听得见？真不知道是史籍记载夸张还是古人拥有啥特殊的现今已经失传的传音手段。

但不管听众听得见还是听不见，萧衍的“吃素不吃荤”政策还是在南朝梁国得到了强有力的推广和施行。最终，权力压倒了世俗，僧侣或主动或被动地放弃了吃荤的生活习惯，把素食当成自己职业生涯的唯一选择。从这个时候开始，不能吃荤变成了汉传佛教的一条严格戒律。今天，这项教规已变得约定俗成，尽管多数人都不知道这条教规的创始人就是梁武帝萧衍。

不过，抛开宗教信仰不谈，单从营养学的角度看，单纯吃素并不是一种健康的选择，会影响人体对必需的肉类营养的全面摄取。当然，完全大鱼大肉的荤食主导也不好，高血压、高血脂等富贵病会很容易附体。最正确的饮食观应是荤素搭配。日本僧人就是这么做的，他们虽然也属于汉传佛教，也禁止过僧尼吃荤，但明治维新以后，对僧人便没有了这条限制，不仅可以吃肉，还可以结婚呢。

萧衍设立的这条不吃荤制度，他自己倒是没有搞特殊化，积极践行，率先垂范。他是实打实地坚信自己的佛教信仰的，为了坚持理想信念，他彻底抛弃了以前特别爱吃的一切肉食，过起了苦行僧般的生活，“日止一食，膳无鲜腴，惟豆羹粝食而已”。

前文在讲萧衍的节俭生活时，也说过萧衍每天只吃一顿饭的事情。他这种行为虽然确实客观上起到了节约的效果，但说实在的，他的主观目的并不是为了节约，而是为了遵循佛教“过午不食”的清规，是一种修行理念的表现。

每天的那一餐，萧衍也是吃得特别简单，全是普通粗劣的素食。一个人偶尔吃素并不难，难的是一辈子都吃素，更难的是作为皇帝还坚持一直吃素。萧衍彻底抛弃了自己前半生浮华灿烂的生活，在生活习惯上完全重塑出了另一个自己。所以现代很多素食主义者都把萧衍认作中国素食的祖师爷。

不过现在的素食主义者很多都是以身体健康及环保意义为出发点，跟萧衍提倡的宗教素食主旨是不同的，但萧衍对素食的身体力行，确实使中国的素食文化得到了空前的提升与发展。

萧衍在素食的道路上并没有止步于规定僧人不准吃荤的程度，而是继续加码，一条路走到头，不断出台禁止各个领域杀生的制度，其行为可以说是到了走火入魔的程度，严重影响了当时社会民众的生活。

中医大家都知道，在西医没有传入的时候，救死扶伤的只有中医中药。而中医药物自古以来就有很多种配方必须用到各种动物，大动物像熊胆、虎鞭、豹骨、麝香等，小动物就更多了，很多人害怕恶心的动物其实都是入味中药的好原料，毒蛇、蜈蚣、蟾蜍、蝎子、蚯蚓……中医发展到南梁时，怎么着也有近两千年了，大动物、小动物入药的不知道有多少，到萧衍这里，停止了，不许了。萧衍说，不准再用这些大小动物炮制药品，这是残忍的杀生行为。

要说萧衍的这份爱心吧，倒也可贵，那会儿要是有动物保护协会，给他授个荣誉勋章也不为过，只是这行为是不是太爱心泛滥、太舍本逐末了？他心疼一条蜈蚣、一只蟾蜍的生命，却不在意多少病人可能会因为缺少此类药品的救治而失去生命。

还有比这更莫名其妙的规定。天监十六年三月，萧衍给纺织部官员送去了一份这样的手令："文锦不得为仙人鸟兽之形，为其裁剪，有乖仁恕。"萧衍对当时的支柱产业之一——纺织业发布了最高指示，要求他们生产出来的所有刺绣产品上，均不得绣神仙、飞鸟和走兽图案。原因是这些绣有图案的锦布在被裁减加工成衣服时，会损害图案完整的躯体。

萧衍认为，假如在布上绣了一只老虎，最后由于尺寸需要，将老虎的身体一分为二，一半在这件衣服上，一半在那件衣服上，这种行为同样违背了佛教不杀生的仁爱、宽恕美德。为了避免出现这种不人道的行为，干脆布的表面啥也别有，或者只绣上山川水草一类没有生命的东西，总之，不准出现动物图案。

四月，萧衍再出猛招，"诏以宗庙用牲牢，有累冥道，宜皆以面为之"。这个佛门天子认为，皇家宗庙每次祭祀时都宰杀牲畜作为祭品的行为，有损上天好生之德，应该予以废止，改用面粉做成各种动物的形状作为替代品。

这道诏令颁布后，像是在平静的水面上投下了一颗炸弹，激起了冲天的水柱，满朝官员情绪沸腾，纷纷表示反对。

也不怪大家都反对。祭祀在中国古代是极为重要的事情，比国家的存在还长久。人类在茹毛饮血的时代就开始进行各种庄重的祭祀仪式了，国家成立以后，祭祀更是上升到社稷兴亡的层面，国家在，祭祀仪式就在；国家灭亡了，当然也就没人再执行故国的祭祀习俗，因为新的国家会有自己的一套祭祀仪式，要不，两千多年前的《左传》中怎么会有“国之大事，在祀与戎”的说法呢？

古代国家最盛大的两件事，就是祭祀和战斗。祭祀，是向上天和祖先表示尊崇；战斗，跟今天保家卫国的概念差不多，不过那时也包含着攻打比自己弱小的国家的意思。那时候没有什么侵犯别国主权一说，哪个国家实力不行，就去攻打吞并哪个国家，一直打到对方服气归顺为止。

我们现在称农历十二月为“腊月”，就是来自古代的祭祀习俗。“腊”是古代岁终祭祀祖先和诸神的祭名，在这个冬闲月份里，人们要祭祀各路神仙和祖宗，祈求他们保佑来年风调雨顺、五谷丰登。今天的“腊八节”其实就是自南北朝以后，国家固定的祭祀日子，叫作腊日。每年的腊月初八，国家便会举行盛大的祭祀仪式。

祭祀从诞生开始便崇尚血腥。古人虔诚地相信，祭祀时，只有宰杀牲畜，取出它们的鲜血后用来祭祀，祖先才能享用，所以“血食”也就成了祭祀的固定代名词。古代典籍中频繁出现的“宗庙不血食”“社稷不血食”，就是指代这个国家已经灭亡了，国家领导人祖先的灵魂不能再得到后人敬献的牲畜血祭，没饭吃了。子孙都叫人给灭了，没人给烧纸埋单了呀。无论小家还是大国，天大地大都没有祭祀这件事情大。

但现在，萧衍一纸诏令把这个代代相传的规矩给废了，这当然会让大臣们群情激奋，他们把这件事上升到亡朝亡国的政治高度，纷纷上疏反对，劝皇帝收回这个不合理礼制的命令，说好端端的一个国家，怎么能自取绝路，让社稷祖先不能血食呢？只有亡国皇帝不得已才会让祖宗先人没有血食呀！但无论别人怎么劝，怎么谏，萧衍就是不听，强硬推进自己的“以面粉换动物”计划。

《南史·梁纪上·武帝上》记录了萧衍当时和朝臣对峙的情况与结果：“时以宗庙去牲，则为不复血食，虽公卿异议，朝野喧嚣，竟不从。”皇帝是绝对的核心，他一定要这么做，就没有人能扭得过他。于是为祭祀杀死牲口这事就被取消了，但由于朝廷的反对意见太大，为了缓和君臣的矛盾，最终双方各退一步，达成了一份新的祭祀协议：以后祭祀时不用牲口，但也不用面粉捏成的假牲口，而用干肉或腊肉代替牲口。

这份双方都有妥协的祭祀协议可以说是双赢，当事双方谁都可以自豪地说己方完胜。萧衍说，我终于改掉了活物祭祀的杀生行为，我赢了；大臣方说，我们成功阻止了用面疙瘩祭祀的亡国行为。虽然祭品用的不是活体动物，但干肉、腊肉不还都是活体动物身上的肉吗？祖宗们依然有肉吃，我们赢了。

但大臣们的赢家情绪只持续了半年就被皇帝萧衍破坏了。当年十月，萧衍大概是反应过来了，觉得干肉、腊肉还是肉，这么做还是杀生了，不行，他要求改用植物制品取代干肉和腊肉。

大臣们干不过皇帝，只好闭门研究替代祭品，最后决定用大面饼代替干肉、腊肉，其他荤性祭品也全部用蔬菜瓜果代替。这么一来，整个祭祀过程完全素食化，没有一点血，不见一块肉。所以，南朝梁这一段时期的祭祀，是中国历史上最环保、最具爱心的国家祭祀仪式。

古代祭祀时使用的祭品分为太牢、少牢两个档次。所谓牢，就是饲养牲畜的圈。太牢就是饲养大牲畜的牢，少牢是饲养体型较小的牲畜的牢。说一个词，大家就特别清楚这个字的意思了：亡羊补牢。太牢、少牢、亡羊补牢都是一个“牢”。

太牢是指牛、羊、猪各一只；少牢则少了一个大家伙，只有羊和猪。按照尊卑次序，只有祭祀天子和社稷神时，才使用太牢，祭祀诸侯则用少牢。不过到后世祭祀时，就没古时候那么严格讲究了，太牢的使用很普遍。皇帝祭祀有功于国或自己欣赏的文官武将时，经常吩咐祭祀官使用太牢。还有的皇帝宠妃祭祀自己爹妈时也使用太牢，没人敢追究。

不过这些事情只能发生在朝廷层面或者皇帝特批，民间是不许逾越礼制的。你说你有钱，银行卡里的存款好多个零，比萧宏的钱还多，过年祭祀爷爷奶奶、外公、外婆时，想买全套的牛羊猪作为祭品，让他们一次吃个够。那可不行，你有钱买田置地可以，埋土里也可以，买太牢，肯定得去坐牢，是绝对不被允许的。

把宗庙祭祀的太牢规格改成全素模式，在今人看来真的是件稀松平常的事儿，也就是个荤素转换而已，还节省了祭祀费用。如果仅仅这么看的话，那就大错特错了。看历史问题，一定要考虑到当时的历史背景。

其实萧衍的那次“荤改素”运动，在当时是惊世骇俗、离经叛道的行为，称得上是颠覆性的改革措施。他敢冒天下之大不韪，让宗庙祭祀停止血食，这是需要一种露出脊梁骨让人在背后戳骂的极大勇气的。这种全然不顾他人看法的异常执着，虽然主观上是源于萧衍对佛教的一颗虔诚炽热的心，但客观上确实革新了祭祀的流程与内容，是一次远超于他所在时代的创新性改革。单就这一条，萧衍即可骄傲地跻身“改革创新十大皇帝”之列。

有的事情，因为意义特殊，只要做对了一次，就足以名垂青史。毫无疑问，萧衍对宗庙祭品的改革行为，虽然在古人眼里过度冷酷无情甚至荒唐，但委实是石破天惊之举。

历史上的各个领域都曾有过或多或少、或大或小的改革，唯有祭祀，几千年一以贯之，始终是大肉和鲜血齐飞，直到最后一个清王朝，祭祀时也依然是牛、羊、猪当家。只有梁武帝萧衍，干了件空前绝后的事。

不过，这样的纯素食祭祀只存在了极短的一段时间，萧衍死后，这项严重带有他个人信仰烙印的祭祀制度就被取消，又恢复了原来的规矩。

萧衍这个人，作为皇帝，真是特别奇特，一生做出了太多让人感慨不已、不禁惊诧的事情。他沉迷佛教不能自拔，他毫无原则地宠爱亲属，他反对浪费却对建造寺庙一掷万金，他占有天下财富却只日食一餐……最让后世男人替他惋惜的一件事是，这个能占有天下美女的男人，竟然不近女色！

皇帝不近女色，这概率大约等同于猫不吃腥，几乎是零。中国历史上的皇帝，在饮食男女这类事情上，存在着各种常人看来很奇葩的状态，有坚持一夫一妻制的，有因惧内而有贼心无贼胆的，有因男科疾病无法御幸嫔妃的，像萧衍这样完全主动彻底地放弃性生活的皇帝，历史上只此一个——他又干了件空前绝后的事。

《梁书》上说萧衍“五十外便断房室”。萧衍是公元464年出生的，他五十岁时是514年，考虑到“五十外”这种说法，可以给他再加个四年。因为按照正常认知，“五十外”也就是五十岁刚出头，不可能到五十五岁以后。如果是五十五岁以后的年龄段，史书上肯定会换成“未至六旬便断房室”这种表达的。

这样算来，萧衍在518年，也就是天监十七年便不再与嫔妃同房了。天监十七年，是萧衍的七弟萧秀去世的那一年，也是萧衍的六弟萧宏在骠骑桥埋伏杀手想干掉皇帝哥哥的那一年。不知道是不是这些让他伤心、失望的事情影响了他的性情。

萧衍并不是一个清心寡欲的男人，甚至可以说是个好色、对美女占有欲很强的男人。他攻占建康后，迫不及待地检阅了东昏侯萧宝卷的后宫团。三十七岁的男人，面对几千个姿色出众的美女，估计萧衍当时的神态，也就跟电视剧《西游记》里猪八戒看到一群漂亮的蜘蛛精在河里洗澡的表情差不多吧。

他眼花缭乱，春心荡漾，当即看中了四个绝色级的美女。第一个就是萧宝卷最爱的南齐第一美女，那个走起路来步步生莲的潘玉儿。“潘妃有国色，衍欲留之”，萧衍垂涎潘玉儿的天姿国色，想把她带回去当小妾。就在这时，萧衍的心腹将领，领军将军王茂从大局出发，阻止了萧衍泛滥的色心，他劝告萧衍：“亡齐者此物，留之恐贻外议。”王茂警告萧衍，说这个女人是灭亡齐国的祸首与祸水，如果你将这种人留在身边，影响多坏啊，别人议论的唾沫星子都能淹死你。

当时他们刚刚取得胜利，正处在关键的创业期，萧衍还不敢太逆时势而动，还缺乏后来强势推行祭祀改革的铁腕魄力，只能忍痛放手，不得已下令绞死这个让他倾心不已的女人。

关于潘玉儿的故事，《南史·王茂传》里还记载了一个小插曲。军官田安启在得知要绞杀潘玉儿后，便向萧衍请求不要杀她，把她赏赐给自己为妻。萧衍同意了，没想到潘玉儿却不同意，“昔者见遇时主，今岂下匹非类。死而后已，义不受辱”。这位超级美人认为自己以前是皇帝的女人，身价高身份贵，现在让自己下嫁给一个身份和地位都配不上自己的普通军官，觉得太受侮辱，宁愿选择死也不选择嫁。最后只能被绞死了。

潘玉儿就这么没了，萧衍内心是惋惜遗憾的，他继续在萧宝卷的后宫寻找，把一个姓余的妃子纳为侍妾。余妃是仅次于潘玉儿的二号绝色美女。萧衍自有了漂亮的余妃后，每天都跟她黏在一起，日夜厮混，将军国大事抛在了脑后，就好像他从襄阳起兵，攻占建康，推翻萧宝卷，就是为了萧宝卷后宫的美女似的。现在理想实现了，他只想发疯般地享受实现理想的快感，至于各地送上来等候他处理的军国大事，妨碍他的享受，他不愿搭理，只是在和余妃厮混间隙，有一搭没一搭地打理下。

侍中范云看不下去了，他拉着王茂一起去劝谏萧衍。范云苦口婆心，口水都说干了，告诫他千万别因女人而误国误民，还用刘邦的行为做例子，说刘邦当年进入美女如云的咸阳宫时，虽然也产生过主动醉倒在温柔乡的想法，但为了前程大业，还是清醒地克制自己，离开了让他几乎挪不动步子的秦宫，最终成就霸业。而你现在刚刚平定建康，全国人民都在盯着你的一言一行，看你是不是清明正派，你为什么要自毁名声，走上前朝败亡君主因色亡国的老路呢?

范云这话已经说得很重了。也是因为他性格耿直，跟萧衍关系亲密，才敢这么说。王茂在一旁也没闲着，帮腔说：“范云言是也。公必以天下为念，无宜留此。”那时候萧衍虽然掌控着整个国家，但还没有皇帝之实，连王爵都还没有封，爵位还只是梁公。所以王茂附和着范云，叫萧衍要有放眼天下的大志，不应该把余妃留在身边。

萧衍被两人说得默不作声，他不想失去余妃，但又觉得范、王二人的话有道理，内心矛盾激荡。范云趁着这机会建议说，你也别纠结了，干脆把余妃赠送给王茂吧，这事就圆满解决了。没想到萧衍真的点头答应了，当即把余妃作为奖品送给了王茂，作为对他规劝自己的奖赏。不仅如此，第二天，他又给范云、王茂两人各送去了一百万钱作为感谢。

这王茂真是赚大了，出门时还孤身一人，回家时就带了个大美女，而且还白得一百万陪嫁。他也真有意思，把潘玉儿鄙视为不吉祥的物品一类的东西，忧心忡忡地奉劝萧衍赶紧甩了烫手的余妃，但萧衍把余妃送给他的时候，他却连一句拒绝的话都没有，闷声发大财地把水嫩美人和百万金钱都如数收下。

余妃并没有像潘玉儿那样选择死，她跟着王茂走了，史籍上自此以后再也找不到她的只言片语。

除了潘、余两人，另外还有两个前朝后妃——阮令嬴和吴景晖，同样被萧衍看上。这回没人劝谏了，萧衍成功留下了这两位美女，她们后来不但成了皇妃，而且各自生了皇子，生活安逸而快乐。

阮令嬴最早是萧遥光的夫人，后来萧宝卷杀死萧遥光，把漂亮的阮令嬴据为己有。到被萧衍占有时，阮令嬴已经历了三个不同的男人，相同的是，三个男人都姓萧，这也挺奇的。

而那个叫吴景晖的女人，就更有故事了。萧衍跟她在一起的时候，她都已经怀孕三个月了，最后才跟了萧衍七个月就生下一个孩子，由此弄出了一连串重大历史事件，其中错综复杂的具体情节，后面会详细讲述。

从大量的历史事实来看，萧衍并非一个不好女色的人。这样一个雄性激素分泌旺盛的男人，怎么就突然变得不近女色了呢？如果我们假定他是从518年开始不再与嫔妃同房，到549年他死亡为止，他整整三十一年没有碰过女人。即便刨除七八十岁高龄的晚年时期，也还有五十岁以后的十来年。这个年龄段的男人，如果身体正常，大权在握，且妻妾众多，要想刻意战胜生理反应，保持定力，是不容易的。这一点看看历史上其他皇帝就知道了。同样身为皇帝，以前孜孜不倦追求声色享受的萧衍，却突然来了个急刹车似的戒色，从此冷冷拒女人于千里之外。这到底是什么原因呢？

大多数人的普遍观点是：因为萧衍信仰佛教。佛教认为，人的欲望是苦难的根源，要实现功德圆满，去往极乐净土，就必须禁止一切欲望，而色欲是扰乱修行心智的魔障，必须戒淫。在这种教义引领下，萧衍决心放下自己几十年的爱好，清心寡欲，一心向佛。

这理由冠冕堂皇，看上去很有道理，但我个人对此持怀疑态度。是不是可以换一种思路想想，这不是节欲，而是无欲呢？史籍中似乎留下了一些蛛丝马迹。

天监十一年，萧衍曾因为身体有病，向两个大夫刘澄之和姚菩提求治。刘澄之听了萧衍的症状介绍，断定这是日常饮食太过的原因，就是平时吃得太好了。萧衍回答刘澄之说："我是布衣，甘肥恣口。"他不同意这个诊断，说自己出生在平常家庭，对饮食的要求不高，啥都能吃。刘澄之继续坚持自己的诊断结果："官昔日食，那得及今日食？"皇上你过去的饮食怎么能比得上现在呢？很显然，这是在说萧衍当皇帝之后的饮食比过去豪奢、精致、非健康。

不过姚菩提给出了不同的结论。姚菩提这人在历史上并不知名，但他的子孙却是真正地名留青史。"二十四史"里《梁书》《陈书》的作者姚察、姚思廉父子就是他的后代。这对父子也真够牛的，从医学世家跨界发展到了史学界。姚菩提对萧衍说："唯菩提知，官房室过多，所以致尔。"姚菩提说得很直接，皇上你这就是房事过多导致的。

后来两人都给萧衍开了治疗方子，一个让他喝药酒，一个给他吃药丸，但并不见好。

不知道萧衍的这次生病是不是他后来戒色的诱因。这里只是分析推测，天监十一年时，萧衍接近五十岁了。根据记载，之后不久他就断绝了房事。如果按照时间推算，这方面的因素和嫌疑是有可能存在的。

事实究竟如何，我们无法得知，这个问题就说到这里，讲多了太俗。只是就史论事，不存在故意对历史人物不敬。

第六章 佛门天子不杀生？

九世纪初叶，唐代著名诗人杜牧在江南地区担任地方官员时，写下了两首千古流传的描写江南风光的诗作。一首是："清明时节雨纷纷，路上行人欲断魂。借问酒家何处有？牧童遥指杏花村。"这首《清明》成就了一个地名：杏花村。当年杜牧在蒙蒙细雨中的随口一问，牧童在细雨蒙蒙中的随手一指，造就了一件千古谜案。如今，安徽、山西、江苏等好几个地方都说杜牧去喝酒的这个"杏花村"在他们那里。

另一首《江南春》倒是没人争，因为诗里面没有"杏花村"那样能带来巨大经济利益的著名商标。"千里莺啼绿映红，水村山郭酒旗风。南朝四百八十寺，多少楼台烟雨中。"不过随着这首诗的诞生，也出现了一个现象级的现象，诗中迷离朦胧的"烟雨"二字，成了后世众多楼台亭阁的命名首选词。现在全国各地好多个景区呀，公园呀，都有叫"烟雨楼"的建筑，如嘉兴南湖的烟雨楼、河北承德山庄的烟雨楼，名字都是这么来的。继商标大王之后，杜牧一不小心又成了取名大王，都说杜甫很忙，其实杜牧也很忙，大杜小杜都是大忙人。

杜牧的这首《江南春》写的就是梁武帝萧衍时期佛寺林立的状况，不过他当时是以诗抒怀，借古讽今。因为杜牧所在的晚唐时代，也是佛寺遍地，僧人满路，严重地影响了国家正常的社会秩序和经济收入，最终导致唐武宗无情灭佛，对佛教进行了一次毁灭性的打击。杜牧将混乱不堪的晚唐佛教场面和南朝梁国相提并论，警告唐朝统治者，不要重蹈南朝覆辙，可见南梁佛事在他心目中的负面印象。

只是他写的那句“南朝四百八十寺”还代表不了萧衍时代的佛寺盛况。杜大诗人文风温柔了点，实际上南梁的寺庙何止四百八十寺！大臣郭祖深因为忧虑佛事泛滥，曾在给萧衍的奏章上痛心疾首地说：“都下佛寺五百余所，穷极宏丽。僧尼十余万，资产丰沃。所在郡县，不可胜言。”仅都城建康周边就有五百多所巍峨壮丽、装修豪华的寺庙，十几万名和尚、尼姑依附其中。至于各郡县建造的寺庙，那就多得数不清了。

清朝学者刘世琦在《南朝寺考》中曾对南梁的寺庙进行过仔细考证，“梁世合寺二千八百四十六，而都下乃有七百余寺”。刘世琦认为，高峰时期，建康城的寺庙达到了七百多座，全国共有寺庙两千八百四十六座。按照五百多所寺庙十余万僧尼算，平均每所寺庙有两三百个僧尼，全国加起来，僧尼总数超过六十万。

有人就说了，管他六十万、七十万还是一百万，和尚、尼姑再多，也不会造反，不会给朝廷带来武力上的压力。这是不了解古代的佛教规矩。从中国的历史事实看，僧尼介入政治斗争的现象极为少见，但僧尼人数过多，会严重影响国家财政，阻碍经济发展，最终间接导致政权大厦被侵蚀掏空。

因为古代有个规矩，寺庙无须纳税，和尚、尼姑也不需要承担任何赋税。也就是说，同样是一个人，如果你跟大多数普通人一样，生儿育女，奉养父母，日出而作，日落而息，那你得给朝廷交税。

税有很多种的，有人头税，就是按人收钱。你家有八口人，按照年龄、性别加以区分，除非极小的和极老的，其他人都得按年交钱给朝廷。除此之外还有田租，种田你得按亩数交钱；还有调庸，比如，每个成丁每年要向朝廷交纳两丈布、两丈绢、三两丝、八两绵；一年给朝廷出二十天劳役，哪里建造寺庙、修筑城墙以及水利建设啥的，你得自带干粮去工地打工，这可是强制的义务奉献，没工资报酬的。

而如果你出家为僧，一切赋税租调都没有了，和尚免税，朝廷不向寺庙收取任何费用。

任何一项政策，只要存在巨大的利益落差，就会有人钻空子。僧、俗之间的这种有税无税政策，使得僧人身份具有了天然含金量，于是历朝历代都有普通民众为逃避赋税而故意出家为僧的。

当然，这些人的出家并不是真的削发为僧，天天在寺庙里烧水、扫地、念经，而只是把户口挂靠在寺庙里，给寺庙象征性地交一些挂靠费就行了。所以，和尚身份在很多朝代都是香饽饽，拥有一个和尚身份是件相当荣耀的事情。以至于朝廷不得不采取“度牒”制限制僧尼发展，给出家僧人发证，僧人得持证上岗。

到后来“度牒”制就渐渐变味了，朝廷因为缺钱，竟拿“度牒”作为商品销售。军队没军饷了，将领找皇帝要军费。朝廷没钱呀，这样吧，给你们部队三千个度牒指标，你们拿去卖了当作军费。

唐宋时期，度牒最为盛行，特别是宋朝，跟契丹打，跟女真打，跟西夏打，跟蒙古打，朝廷穷得叮当响，经常用度牒去支付各种紧急费用。要钱没有，要度牒管够。一直到清朝雍正时期，度牒制度才被废止。

不过萧衍时代还没有“度牒”这一说，那是唐朝才出现的，中间隔着漫长的两个世纪呢。但无论是唐朝还是萧梁时期，僧尼免税政策都是一样的。这样，寺庙的规模越来越大，人数越来越多，向朝廷交纳赋税的百姓就越来越少。

南北朝时期，整个中国的人口是非常少的，因为经历了西晋的“八王之乱”和“五胡乱华”事件，国家人口锐减，而南朝人口数量和国土面积都比不上北方，萧衍时代的人口数量满打满算也就两千来万。这么多人，其中大约有六十万人是不交税的僧尼，再加上一部分可以免税的高寿老人和婴幼儿，还有高官将相、世家大族也是免税特权群体，这么七算八减，还能剩下多少有效纳税人口？如果失去税源收入，朝廷怎么正常运转？

所以，佛教发展到后来，已经有损朝廷利益，因为他们跟政府争夺人口、土地和税源。也因此，总有不想忍的急性子皇帝对佛教大动干戈，杀僧侣，拆寺庙，烧佛经，把寺庙的铜佛像融化了铸钱，把寺庙的田地没收为国有资产，循环往复，多次发生。

萧衍自己就是皇帝，他要推行佛教治国，没有人能阻挡得住。所以，萧衍领导的南梁国，全国上下佛香缭绕，寺庙如林，朝野上下，佞佛成风。尤其是他执政的中晚期，人生的重点已不是当皇帝，而是当和尚。他可以忍受有人损害国家的利益，但绝不能容忍有人损害佛教的利益，谁要是对佛教持有异议，就会受到来自皇帝权力的打击报复。这时的萧衍跟他起兵前待人友善、从谏如流的形象，已相距太远。

《神灭论》的作者范缜就因为批评佛教，反对萧衍无原则的佞佛行为，被萧衍流放加雪藏，满腹才华空遗恨，最终郁郁而终。范缜死于天监十四年，算是幸运的了，因为这时候还处在萧衍执政的早期，他还没有太走火入魔。到他执政晚期的时候，同样是反对佛教，但结果就不是流放和雪藏了。

萧衍有个还没发迹时就在一起玩的好朋友荀济，因忧心萧衍的唯佛是从，上书劝他收敛行为，不要沉溺佛法，别到处兴建塔庙，奢侈无度，铺张浪费。萧衍看到荀济的奏折后暴怒，丝毫不念及两人布衣之交的情分，而是“欲集朝众斩之”，打算把荀济当作一个典型案例，将他拉出来公开批判一番，然后斩首示众。荀济提前得到消息，赶紧逃到洛阳，投靠东魏去了。

这个荀济跑到东魏以后，还弄出了一个大动静。当时东魏的皇帝是元善见，拓跋家族的后代，不过，东、西两魏的皇帝都是徒有虚名的傀儡，他们全被权臣牢牢控制在手中。西魏做主的是宇文泰及其家族，东魏则是受高欢掌控。高欢死后，他的儿子高澄接着掌权。元善见实在受不了官二代高澄的凌辱与压迫，想摆脱高澄的控制，自己亲政。可他天天被高澄派人“保护”着，没法跑出监狱般的皇宫。

荀济给他出了一个主意，叫他在内宫开挖地道，从地道里飞越皇宫，逃到宫外。皇帝觉得这是个好主意，于是偷偷搞起了地下工程，挖呀挖，挖呀挖，眼看着地道就要完工，马上就能通向城外了。可就在最后那么一小截收尾工程时，城门守卫听到地下挖掘的声音，行动计划失败。

不过元善见和荀济这两人都挺爷们儿的，在残暴的高澄面前毫无惧色，泰然自若，视死如归的胆量让人赞叹。高澄带着军队气势汹汹地进宫责问元善见：“陛下何意反？”这话真是有意思，历史上从来没有任何一位臣下问皇帝这样的话，连类似意思的句子都没有。臣下竟然对皇帝说，请问皇帝陛下，你为什么要谋反？

元善见的回答相当掷地有声：“自古唯闻臣反君，不闻君反臣。”高澄的问话的确不符合基本逻辑，被元善见准确地抓住了把柄进行了嘲讽回击。自古以来，只听说过臣子反皇帝，没听说过君王反臣下的。都已经是天花板上的皇帝了，还要谋反做甚？只有地板才觊觎天花板的位子。很显然，并不是高澄的智商余额不足，而是他潜意识里早就把自己当成了一国之主。

那时候北方的政权安定度远不及南方，东西分裂，权臣当道，萧衍要不是因过度崇佛而误了治国，依旧像襄阳起兵时那样英明神武，那他是完全有可能扫荡北方，统一天下，完成前人从未有过的丰功伟绩的。当他因为进谏而把荀济逼到北方的时候，作为皇帝，他已经堕落到深渊了。

被他逼走的荀济最后也没能避免掉进痛苦深渊的命运，被高澄下令扔进大铜鼎里用开水煮死。这个死亡的过程如温水煮青蛙一样，非常痛苦。荀济也可以说是被刚愎自用、拒谏饰非的梁武帝萧衍害死的。如果萧衍不是那么一条道走到黑，能虚心接受别人的建议，荀济也不至于要逃亡他国，落得个惨死异乡的结局。

然而晚年的萧衍只喜欢听溜须拍马的顺耳话，听不得不同意见，哪个大臣要是给他提反面意见，他的反应就跟挖了他家祖坟似的。《魏书·岛夷萧衍传》有句评价萧衍的话说得很符合实际："衍好人佞己，末年尤甚。"这个老得跟古董一般的皇帝，已听不得逆耳忠言，只喜欢别人给他贴金和戴高帽子。文武大臣都知道他好这一口，为了让他高兴，保自己平安，都争相奉承他，拍马谄媚，谁也不在他面前说真话、实话——只有一个人例外，这个人就是散骑常侍贺琛。

大同十一年（公元545年），贺琛针对南梁国当时的实际情况，以忧国忧民的心态给皇帝萧衍递交了一份奏折。他在奏折里向萧衍陈述了四个方面的重大问题：一是州郡县三级官员横征暴敛，盘剥百姓太甚，致使民不聊生；二是朝风不正，贪腐横行，官员和世家大族之间互相攀比，豪奢浪费，挥金如土，而民间却有很多人衣食无着；三是不学无术之人利用诡计和奸诈手段谋求提拔升迁，刻薄挑剔，作威作福，正常的官员晋升秩序荡然无存；四是国库空虚，入不敷出，劳役繁多，赋税沉重，百姓疲于奔命。同时他还建议朝廷应该停止不必要的建筑工程，让人民休养生息。

贺琛这个折子递上去以后，不得了，真是捅到马蜂窝了，萧衍看完以后，心里那个气呀，恨不得打滚跳河以头抢地。他拿着贺琛的奏折，一字一句，逐个对贺琛提出的问题进行辩解、驳斥、回击。

这篇回复很长，本书只挑重点内容稍微说说。就贺琛对国情以及朝政的各项非议与指责，萧衍无法接受。他觉得，按照贺琛的说法，自己这个伟大皇帝所领导的帝国简直是到了国将不国的末世晚景了，这让他委屈极了。所以他先是向贺琛诉苦摆功：我萧衍主持帝国四十多年，每天都勤勤恳恳为国操劳，吃的是粗茶淡饭，餐桌上从没出现过山珍海味；穿的是粗布麻衣，勉强保暖而已；平时居住的地方狭小得只能放下一张床，屋里也没有豪华的装饰与摆设；日常生活简单，不喝酒，不近女色，三十多年没跟女人同房；以前我的腰围超过五尺，如今瘦得只剩下两尺多。你要是不信，我以前系的腰带还搁在那里，可以拿给你看看。

在表功诉苦的结尾处，萧衍还添了一个抑扬顿挫的自问自答："为谁为之？救物故也。"我这么含辛茹苦，这么殚精竭虑，是为了谁？都是为了拯救天下苍生！

摆完功劳之后，萧衍就开始质问贺琛了，一个接一个的问题像手榴弹一样，把贺琛炸得胆战心惊。针对贺琛所说的官员贪腐现象严重的问题，萧衍没好气地对他说："何不分别显言：某刺史横暴，某太守贪残，尚书、兰台某人奸猾，使者渔猎，并何姓名？取与者谁？"这是要贺琛进行实名举报。你别光笼统地说好多官员都贪污腐败，说得准确明白点，到底哪个刺史横暴？哪个郡长贪污残暴？尚书、兰台这些国家机关里，哪一个人老奸巨猾？哪一个人宰割百姓？姓什么？名什么？都向谁敲诈勒索？只要你清清楚楚地写出来，我自会将他们诛杀贬降。

一个大臣跟皇帝反映朝廷官员中存在着贪污现象，皇帝就老大不高兴，黑着脸叫反映问题的人交出具体的贪污者名单。这么搞，谁还敢给领导提意见？这么容不下别人的不同意见，为什么当初还大张旗鼓地在皇宫门口设立谤木函和肺石函？一个标榜自己功盖天下的皇帝，面对臣下提出的确实存在的问题，不是先去想解决问题，而是想先去解决提出问题的人，这行为，不磊落中透着一股猥琐。

萧衍对贺琛进行的连珠炮似的质问还有很多："卿云'吹毛求疵'，复是何人？'擘肌分理'，复是何事？治、署、邸、肆等，何者宜除？何者宜减？何处兴造非急？何处征求可缓？各出其事，具以奏闻！"你奏章中说有的官员故意挑剔百姓毛病，是谁故意挑剔？你说的遭受陷害、判决不公现象，具体指的是哪件案子？官署、王府、州郡驻京办事处和市场，哪一个应该废除？哪一个应该裁减？什么地方的建筑不是急需？什么地方的民事征调可以稍缓？这些你都应该一一列举出事实，再奏报上来！

最后，萧衍还将这个问题上纲上线，无限拔高，说你贺琛要是不能把富国强兵的具体方法，使人民休养生息、差役停止的具体方法，件件条条明白列出，那就是欺罔朝廷。

这哪是跟贺琛商讨对话，分明是要贺琛答记者问嘛。要是这么问，那贺琛至少得在朝廷担任组织部部长兼公安部部长兼建设部部长兼民政部部长还有国家编制办主任，不然他没办法把问题搞得那么细，知道得那么清楚。至于最后的那个带有恐吓意味的上纲上线，还真是管用，“琛但谢过而已，不敢复言”。面对皇帝的雷霆之怒，贺琛吓得承受不住，主动向萧衍道歉，承认自己错误严重，请求皇帝原谅，保证下不为例，从此以后再也不敢议论朝政国事。

通过这件事，萧衍成功用强权压制住了言论，没有人再敢给皇帝提意见，没有人再敢妄议中央。像范缜那样在权力面前坚持真理、寸步不让的清高士大夫再也找不到一个。

相比贺琛，范缜真是硬骨头。在皇室最看重的佛教信仰问题上，他先是怼南齐宗室萧子良，接着又怼南梁皇帝萧衍，任凭威逼利诱，坚决不放弃自己的观点和立场。这种不畏强权不唯上的品质弥足珍贵，随着岁月的流逝，这种品质似乎越来越稀少了。

其实贺琛自己也并不是一个清廉的官员，他是有前科污点的。他曾经在当御史中丞时因为贪污贿赂被告发而遭免职，但因为有才华，又被重新起用。萧衍在回复他的奏折时，还故意拿这件往事讽刺他：“卿以朝廷为悖，乃自甘之，当思致悖所以！”你贺琛认为朝廷悖谬，可是你自己却乐意享受这种悖谬，所以你应该好好想一想，使朝廷悖谬的人何在。

要是认真说起来，萧衍作为领导，把属下的过往错误翻出来暴晒，并作为攻击挖苦对方的黑料，是很不合适的，大度的领导是根本不会和不屑于这么做的。不过，这也能反证出一个问题，连犯过贪污罪的大臣，都看不下去官员队伍中的贪腐现象了，可见这时候的官员贪污腐败现象有多严重！

萧衍对贺琛奏折的专项回复，让人看出了他的小肚鸡肠、自以为是，同时还容易一言不合就翻脸，翻脸后还喜欢搞打击报复。这一点，跟萧衍认识很早的沈约多年前就看出来了。

天监十二年，萧衍和沈约进行了一场文人间的比赛，两人相约在纸上书写跟栗子相关的掌故，看谁写得多。沈约当时是太子少傅，要是把知识渊博的太子老师都赢了，那可是件倍儿有面子的事。比赛结果还真是如萧衍所想，他比当世第一大文豪沈先生多写了三条掌故，完胜比赛。

就在他为赢得比赛而内心窃喜时，沈约对这场比赛的附加说明传到了他的耳朵里："此公护前，不则羞死！"沈约跟朋友解释比赛结果时，嘻嘻哈哈地说，这位老爷护短，要是不让他比我多三条，他会羞死的。萧衍听到手下给他报告这个消息时，怒火冲天，"欲治其罪"，打算给沈约安个罪名，然后把他抓起来。

中书令徐勉为此力劝萧衍，请皇上息怒，说如果因为这么件小事就给沈约定罪，太影响圣上的高大形象了。再说，这罪怎么定呢？能赢皇帝却故意装傻不赢，能算欺君之罪吗？经过徐勉的好一番劝抚，萧衍受伤的心灵才得到恢复，免去了沈约的牢狱之灾。

对沈约，对贺琛，梁武帝萧衍都显露出了他的本来面目，他并不是一个愿意包容、善于纳谏的君王。

打压贺琛这件事是萧衍帝王生涯中的重大污点之一，对于这件事，司马光在《资治通鉴》中态度鲜明地进行了评论："梁高祖之不终也，宜哉！"萧衍的人生最后结局是很凄惨的，国家丧失，自己也被饿死在皇宫里。熟知历史、见多识广的司马光一点也没有对萧衍给予同情，反而说，萧衍最终没有好的结局，完全是应该的，是意料之中的。

司马光还仔细分析了贺琛的这份点燃了帝国最高领导熊熊怒火的奏折，说看贺琛对萧衍的规劝，内容既不直率，态度又不激烈，而萧衍却已赫然震怒，不仅全盘不接受贺琛的建议，还拼命袒护自己的缺点，夸耀自己的优点，追究贪污残暴的人是谁，责问劳动浪费的项目是哪些。明知道贺琛不敢回答，而故意逼他回答；明知道贺琛无法进一步揭发，却故意逼他进一步揭发。

司马光的点评之笔就像一把手术刀，把萧衍的心理解剖得十分精准透彻，他对萧衍毫不客气地给了差评，说他因为打击贺琛，导致言路堵塞，致使“奸佞居前而不见”，最终“名辱身危，覆邦绝祀，为千古所闵笑，岂不哀哉”！

萧衍执政晚期，南梁帝国其实已像一个病入膏肓的绝症患者，吏治、军事、法律、经济全面崩坏，整个国家纯粹就是一个内部完全被掏空的巨大朽木。在风和日丽的时候，朽木看上去正常无异，但只要稍微有些风刮雨摧，朽木就会轰然倒塌，所以才会有区区一个侯景就将偌大的梁国搅得地覆天翻这种天方夜谭般的事情发生。

贺琛给萧衍提意见遭到训斥的八个月后，侯景之乱就开始了，距萧衍死亡的时间只剩三年多。这个时候是萧衍统治的真正末期，国家已经烂到无可救药的程度了，而作为国家领导人，萧衍不但丝毫不知，还一直认为自己领导的帝国繁荣富强，天下无敌。

这个老头在责骂贺琛的时候，已经是八十三岁高龄。这样年老昏聩的年龄，他根本无心国事，也没那么多精力去过问朝政，大多数时间都花在向佛事佛上，努力处处显示自己的慈悲心怀。

南梁每年都会有大批人员因犯罪而被判刑，两年以上有期徒刑的，每年都有大约五千人，还有数目不详的死刑犯。当时的死刑执行要经过好多道程序，最后一道程序是皇帝核准，好多个朝代都是这样的，以显示对生命的尊重，也防止枉杀和冤假错案。萧衍每次批准对犯人的死刑执行令时，内心都痛苦纠结，“每断重罪，则终日不怿”。死刑命令下达后的那一整天，他都闷闷不乐，啥事都开心不起来。因为他信佛，好生恶杀，连蚕吐丝织成丝绸，他都认为是杀生，还为此不穿丝绸，只着麻衣。现在要他亲自下令结束一个人的生命，他感觉好像是自己犯了杀戒似的。看上去这是一个多么宅心仁厚、生命至上的皇帝啊！

对萧衍这种所谓的仁义慈悲，宋元学者胡三省给予了痛批。他对萧衍的行为做出了这样的批注：“洛口之败，死者凡几何人？浮山之役，死者凡几何人？寒山之败，死者又几何人？”洛口之战、浮山堰之战和寒山之战都是发生在南梁时期的南北双方著名的大战。这三场惨烈至极的战争死亡人数多达百万，双方交战场面犹如人间地狱。

洛口之战已经说过，就是萧宏的那次惨败。其他两场战争后文会陆续展开叙述。胡三省的意思很明显，最见不得萧衍的这种假慈悲。既然杀一个罪犯都那么有负罪感，那为什么像洛口、浮山堰、寒山这样杀人盈城、死尸遍野的战争，作为皇帝，你萧衍却没有一点负罪感？所以，对萧衍的那种“每断重罪，则终日不怿”的表现，胡三省嗤之以鼻：“吾谁欺？欺天乎？”意思就是你萧衍骗谁呢？欺骗上天吗？

胡三省说得确实有道理，他抓住了问题的关键。萧衍一方面说禁止杀生，连没有主观感知的蚕都爱护有加，另一方面却频繁发动战争，把数不清的血肉男儿送上战场，对那些有家有爱，有亲情、有牵挂的活生生的士兵，他没有丝毫的怜悯。在他的意识里，人命还不如蚕。蚕丝被织成丝绸，他悲戚满怀，感叹蚕的生命消逝；而几十万士兵捐躯沙场，他却认为这是军人应该担负的责任和使命。

洛口、浮山堰、寒山三次大战，都是萧衍主动发起的。这真的很让人费解：既然萧衍痛恨杀生，为什么要多次挑起必然会有无数生命丧失的大规模战争？难道在他眼里，“杀生”的“生”只是鸡、鸭、猪、狗、猫等低等动物甚至微生物，并不包括人的生命？

根据他的所作所为，我这么理解，也许并没有什么不对。

第七章　千金买邻吕僧珍

自打进入21世纪以后，中国的房价像坐了火箭似的，开启了变态上涨模式，一个劲儿地往上蹿，涨到根本停不下来。

2000年时，北京二环的房价大概每平方米五六千块钱，仅仅过了十来年，在本书成稿的2017年，到北京二环走一圈，随便哪栋新开的楼盘，每平方米均价都在十万元以上。所以，现在在首都北京，即使住着价值千万的房子，都不好意思说自己家是豪宅。不到一百平米，好意思叫“豪宅”吗？而北京的人均收入，也就是每年六万块钱。辛苦一万年，不吃、不喝、不消费，也就能去二环买半个平方米的房子。

房价为什么这么贵？除了土地价格成本太高这个罪魁祸首以外，还有个影响房价高低的重要因素——学区房。只要住宅所属的学区是著名学校，人们便乐意用高于市场价很多的价格去购买。本来房子只值一百万，因为是学区房，便有人心甘情愿花五百万去买，买到了不但不觉得吃亏，还觉得买到就是赚到。

如果住宅旁边不是名校，而是某个名人的住宅，市值一百万的房子，还会有人愿意花五百万甚至一千万去买吗？不用问，肯定不会有人愿意这么干。但是，在南梁，就有个人因为仰慕一个品行高尚的人，为了能住到这个人隔壁，成为这个人的邻居，无怨无悔地花了十倍于房子的价钱，买下了这个人的邻居住过的二手房。

不用说，大家都知道了，这个人便是本章的主角——吕僧珍。吕僧珍这个名字带有典型的南北朝人命名特征。

中国人取名很有特点，带有强烈的时代特征，不少人从名字上就能大致推断出其所在的朝代。南北朝时期佛教兴盛，很多父母给孩子取名时都想沾点佛气，起个跟佛教相关的名字，“僧”字是当时使用频率极高的一个字，王僧绰、文僧明、范僧简、董僧慧、纪僧真……还有好多直接拿佛教词汇命名的：赵菩萨、萧摩诃、李居士、姚菩提、周罗汉……

南北朝之前的东晋，取名风格则完全不同。那时候的人们取名超喜欢用“之”字，所以历史上才会出现一大批这样的名字：王羲之、王献之、顾恺之、裴松之、萧顺之、刘牢之……至于大家都一窝蜂地使用“之”字取名的具体原因，后人已经搞不大清楚了，只有当代历史学家陈寅恪解释说，这种取名风俗跟当时风行的天师道有关，因为“之”是天师道的宗教符号。

而在东晋之前的西晋一直上溯到西汉这三百年间，中国人取名的最大特点是单名，一个字搞定。所以你看古典名著《三国演义》里，从头到尾几乎找不到一个双名：刘备、孙权、曹操、关羽、周瑜、诸葛亮、司马懿……清一色的单个汉字，不像我们今天单双名皆有。

很多因素集中在一起促成了这种奇特现象。比如古人毫无理由地固执地认为双字名非礼、不吉祥。也不知道是哪个人犯了哪根筋，很有些莫名其妙。到王莽夺取了西汉政权后，强制以法律的形式确定了全国民众，包括匈奴这样的藩属国在内，取名时只能用一个字，不能使用双名，否则就是违法。同时规定，罪犯无权使用单名，得用双字名。这就无形中将双字名打入到了非荣誉的别册，影响了人们的取名心理，觉得取个两字名好像是有犯罪前科一样。

不过到吕僧珍所在的朝代时，纯单名已经成为历史，取名也随意多了。

吕僧珍祖上世居广陵，也就是现在的江苏省扬州市。广陵在六朝时期一直是南方的大城市，不过吕僧珍家并不是豪门，只属于底层的寒贱之家。为了改变命运，吕僧珍从小就跟着老师学习四书五经，期待将来学问有所成，货卖帝王家。

有次他正在上课，一个相面人来到他所在的学校，指着他对老师说："此有奇声，封侯相也。"这个相面人说吕僧真面相高贵，将来必定能封侯拜相。对于这个情节，建议就当个瞎掰的笑话看看，别当真。

古代典籍上常有三大漏洞百出的骗局：相面、谶纬和帝王出生。古籍上各类人物传记中，有好多个高度雷同的情节，许多个非富即贵人士，在还穿着开裆裤的年岁，就有相面人士断言：这孩子天庭饱满，地阁方圆，鼻子高挺，两眼放光，将来长大不得了，绝对是高官显贵。

这类内容其实全都是故弄玄虚。一个人将来命运如何，只跟努力、才干、天资、机遇等很多必然、偶然的条件相关，跟长相没有太大的关系。长相再好，如果从小不学习知识和技能，没有良好的成长环境，长大后不成人渣就不错了，还指望着光靠长相就能出人头地？相面人无非是出于各种目的瞎蒙而已。

谶纬比相面更不靠谱。比如"唐三世以后，女主武王代有天下"这句谶语，被正儿八经地记载在典籍里，但分析一下就知道有多么荒唐。

典籍说在唐太宗李世民当皇帝的时候，民间就出现了这句谶语，预言唐朝在第三代皇帝之后，将会被一个姓武的女人所取代。这明显是武则天当皇帝以后，有人造假弄出来的谶语。在唐朝之前，没有一个女人当过皇帝；在唐朝之后，也没有任何一个女人当过皇帝。因为无数种巧合因素才促成的，中国历史上存在的唯一一个女皇帝，怎么可能在还没成为事实的几十年前就被人准确圈定了？这是传奇故事套路，当小说看看就行，认真你就输了。

《隋书·五行志上》里也一本正经地记载了和梁武帝萧衍相关的谶语。说天监三年六月八日，梁武帝萧衍正在给大家讲经的时候，听众中有个和尚突然站了起来，自顾自地且歌且舞，歌是这么唱的："乐哉三十余，悲哉五十里！

但看八十三，子地妖灾起。”

天监三年是公元504年，这年萧衍刚好四十岁。也就是说，萧衍后半生所发生的重大事件都被这个突然疯癫的和尚提前四十多年给唱了出来。“乐哉三十余”是说萧衍在位的前三十年国运平安，百姓安乐；“悲哉五十里”这句就厉害了，说的是从萧衍登基到晚年皇宫被侯景攻破，正好是四十八年，四舍五入取个五十整数；“但看八十三，子地妖灾起”更厉害，连侯景是四十三年后的八月十三日从哪个方向由东魏向南梁投降的日子都预告得清清楚楚。这怎么可能是真的嘛，根本经不起推敲呀。

要说最不靠谱的，其实是帝王出生，翻开史书，关于帝王出生的历史，几乎全是伪造的谎言。帝王的出生，好多都不是精子、卵子结合的产物，有的是踩到一个大脚印就怀孕了，有的是做梦梦见一条龙钻到肚子里，醒来就怀孕了。

至于出生的异象就更是五花八门了，有的是家里冒紫气，有的是满屋放红光，还有白气充庭的。像梁武帝萧衍，他一生下来，右手掌心里就有一个“武”字，也不知道是谁用什么方法隔着肚子给他写这个字的。要说是胎记吧，也不可能复杂到这么有横有竖有点有弯勾的，所以，只能鉴定为赤裸裸的谎言。

吕僧真传记里的“封侯相”一说肯定也是子虚乌有，不过他后来还真是富贵荣光了，这当然不是相面人的功劳，而是吕僧珍慧眼识珠，跟对了萧衍这个人。

如果单从上文的洛口之战的表现看，吕僧珍似乎是负面人物，因为只有他和糊涂怕死的萧宏立场相同，在两军对峙并且局面偏好的时候，同意大军不战而退。但事实并非如此。吕僧珍是一个十足的正面人物，无论为官、为人，都是值得大多数人学习的楷模。

而他之所以在梁军所有将领都主战的情况下，还附和萧宏主退，根据当时的形势综合分析，应该是他两边都不想得罪。作为实战将领，他肯定知道，此时应该以攻为主。但作为萧宏的特别参谋，他又不好太不给这位王爷面子，尤其萧宏还是他以前的老领导，现在的皇帝特别宠信的亲弟弟，所以他只好违背自己的内心，给萧宏做唯一的捧场人了。

这种矛盾立场从他后来在主战派将领会场上与萧宏不欢而散后忙着和稀泥做工作的积极态度上也能看得出来。当主战派将领都气呼呼地离开后，吕僧珍并没有像萧宏那样依然态度傲慢地坚持自己的意见，而是赔着笑脸向其他将领为萧宏打圆场：“殿下昨来风动，意不在军，深恐大致沮丧，故欲全师而返耳。”吕僧珍说萧宏开军事会议的前一天晚上犯头痛，不能专心处理军务，担心大家失望，所以才打算保存实力，让军队安全撤退回国的。

这就是给萧宏找了个台阶下，不然萧宏撤吧，又没人跟他走；听从大家的意见待在原地不撤吧，面子上又挂不住，毕竟自己那么坚持要撤退。经吕僧珍这么一说，萧宏就可以不那么尴尬地驻扎不撤了，我这不是头痛把脑子疼坏了才说要退军的嘛，等等吧，等我脑子好了再说。因此，吕僧珍在这件事情上也并不算那么罪大恶极的反面教材。

吕僧珍的政治眼光很准，早年一眼就相中了还没有显山露水的萧衍，就像萧衍当年不支持萧子良但却坚定不移加入萧鸾的阵营一样。

在“六贵”把持朝政的东昏侯萧宝卷时期，身为“六贵”之一的徐孝嗣当时正如日中天，他特别欣赏吕僧珍的才华，希望调他入朝为官，把他培养成自己人。但彼时地位尚卑微的吕僧珍不为所动，拒绝应召。倒不是他不想当官，而是政治嗅觉敏锐的他，准确地预判到徐孝嗣的当红不会长久，他不愿将来在徐孝嗣失败后受到牵连。

而对于萧衍，吕僧珍则主动抛送橄榄枝。萧衍到襄阳担任雍州刺史不久，吕僧珍就执着地多次要求去雍州担任县令。放着一个顾命大臣的青睐不管，却非要赶着去偏远的西部一个朝中没有靠山的地方官那里去工作，这种逆势而动的做法，显示出吕僧珍与众不同的长远目光。

到达雍州以后，吕僧珍深得萧衍信任，被萧衍视为心腹，担任中兵参军。萧衍信任吕僧珍到了什么程度呢？萧衍在决定起兵造反的前夜，起先只找了两个人来商量具体事宜，一个是他堂舅张弘策，另一个就是吕僧珍。当然，吕僧珍也没有辜负萧衍对自己的极度信任，不声不响地为萧衍做了很多事。

萧衍起事前，吕僧珍私下里偷偷招募勇武不怕死的民众，组成了一支人数众多的敢死队。与此同时，萧衍则在组织士兵大规模砍伐山上的青竹、树木和茅草，然后将竹子和木头全部沉到檀溪的水底，茅草则堆得像山丘一样遍地都是。

檀溪是襄阳城西边的一条不足十米宽的溪流，就是《三国演义》第三十四回里刘备骑着的卢宝马跨溪逃命的地方。而这条成就了刘备的小溪，现在又成了萧衍的战备物资储存点。萧衍把竹子、木料沉在水底，把茅草一堆一堆整齐码放在溪边。

那时候萧衍当然不会告诉别人，这些东西都是他将来干大事的本钱，别人也没往这方面想。只有吕僧珍的思想走在别人的前面，他准确地猜到了萧衍心里的小九九，“中兵参军东平吕僧珍觉其意，亦私具橹数百张”。吕僧珍不但觉察到了萧衍储存竹木茅草的用心，还瞒着萧衍私自给他加码，悄悄积存了几百张船桨。这些船桨后来派上了大用场。

萧衍起兵的时候，把竹子和木料捞出来打造战舰，用茅草搭盖船篷，一个庞大的水上舰队立刻生成。不过萧衍还真是应了那句“智者千虑，必有一失”的俗语，他准备了那么多建造战舰的备品备件，却没想到要准备足够的船桨。

那时候虽说已经出现了脚踩的轮式驱动船，但以桨橹为动力的船还是占大多数。光有船没有桨，就跟有汽车却没汽油一样，只能搁在那儿当摆设。萧衍把造好的舰船分下去以后，才发现船桨数量严重不足，各部队为争夺船桨都差点干起来了。这时吕僧珍出现了，他把自己私藏的几百张船桨拿出来，每条船配给两张，争抢船桨事件才平息下来。

从襄阳起兵到攻占建康，吕僧珍并不是坐在司令部当足不出户的参谋，而是率领部队在前线跟政府军作战，身先士卒，冲锋在前，为萧衍最终顺利夺下建康城，立下了不少功劳。

建康城破后，萧衍命令张弘策和吕僧珍两人最先率部队进入皇宫，检封府库，维持秩序。如果不是对吕僧珍的绝对信任，这么重要的活儿，萧衍是不会派给他的。

登基以后，萧衍对吕僧珍就更信任了，让他“总知宿卫”，全面负责自己的安全保卫工作，等于是贴身侍卫队长。

常年的亲近相处，让萧衍跟吕僧珍的关系变得非同一般。他们虽然是君臣关系，但萧衍几乎是把吕僧珍当作好朋友来对待，很多事情的细微处都能提前帮吕僧珍考虑到。

吕僧珍在建康任职了一段时间后，觉得离开家乡太久了，便向萧衍打报告请假，想回一趟广陵老家，给祖宗先人扫墓。广陵当时属于南兖州。萧衍为了能使吕僧珍拥有衣锦还乡的荣耀，直接将他任命为南兖州刺史。既然你想回老家扫墓祭奠，那就去你老家那里担任一把手吧，这样祭祀扫墓更方便，私事公办，朕特批的。就这样，吕僧珍的干部履历里又多了一个南兖州刺史的职务。

在这个刺史岗位上，吕僧珍为官认真，敬业称职，“僧珍在任，见士大夫迎送过礼，平心率下，不私亲戚”。作为资深京官、皇帝身边的大红人，吕僧珍不嚣张，不狂妄，从来都不是一副高高在上的样子，在任期间，平和谦逊，接见士大夫时，迎送的礼数都超过朝廷应有的规定，对待属下公正公平。尤其值得一提的是，对待亲人和亲属，他不徇半点私情。

在他回老家担任家乡的长官后，马上就遇到了这样一件事：“从父兄子先以贩葱为业，僧珍既至，乃弃业欲求州官。”吕僧珍堂兄的儿子多年来一直在老家靠贩卖大葱生活，这次见堂叔回来当了一把手，觉得自己弃葱从政，改变命运的机会来了，便跑到吕僧珍那里，求他给自己在州里安排个官职。

以吕僧珍的职权，要使几个亲戚青云直上，成为特权人物，并不是件难事。但吕僧珍不愿以权谋私，拒绝搞裙带关系。他把求官的侄子训了一顿，说你有适合自己身份地位的职业，怎么能胡乱要求那些超越自己能力的、不该得到的东西呢？赶快回到市场里继续自己的卖葱生意吧！

吕僧珍家的老宅在街市北面，门前有一排督邮官署。这排办公楼杵在吕家老宅前面，严重影响了老宅的视线、采光和人员进出。督邮是一个很小的基层官职，也就比科长级别高点吧，而且是在吕僧珍的领导之下。同村乡民都劝吕僧珍将督邮署迁到别的地方，好让自家老宅门前有个好的排场。这对一个州刺史来说，简直不叫事儿，但吕僧珍并没有这么做，他对劝他的乡民说，督邮署是官署，自成立以来就一直在那个地方，怎么能无缘无故迁走官署来美化我家的私宅呢？

最为可贵的是吕僧珍对姐姐的态度与做法。他姐姐家房子很小，住在尘土飞扬的马路边上，混杂在各种店铺中间，居住环境很差。吕僧珍在做刺史期间，常到姐姐家去看望姐姐。他作为高级别干部，每次出行的时候，卫士衣甲鲜亮、前呼后拥的，仪仗阵势很大，然而他姐姐家所在之地逼仄破旧，嘈杂脏乱，吕僧珍却并不觉得姐姐住在这种不上档次的地方，辱没了自己的尊贵身份，也没有动用权力为亲姐姐谋取利益，改善姐姐一家的生活和居住条件。

吕僧珍的官德是非常好的，品行高尚，清正廉洁，没有私心，可以说是他那个时代焦裕禄式的好干部了。

作为刺史的吕僧珍，在南兖州只是蜻蜓点水般地待了一百天。萧衍本来就只是以这个职位让吕僧珍光耀门庭、增加面子的，哪能把这么一个亲信心腹放到地方上当官？三个月后，就重新把他调回皇宫，继续放在自己身边为自己服务。

吕僧珍个性谦恭稳重，在宫廷值班时，“盛暑不敢解衣”，哪怕是火炉般的三伏酷暑，他也是服装齐整，从来不解开衣领、撸起袖子凉快一下。每次侍奉萧衍时，也总是敛神屏息，态度恭敬谨慎，从不因为皇帝信任自己，就轻佻随便。对皇宫里招待用的美食点心，他从没动过筷子，只有一次因为陪萧衍喝酒时喝醉了，酒醉后口干才拿起一个橘子吃了。萧衍看到他吃橘子，还惊喜交加地表扬了他："卿今日便是大有所进。"他吃了个宫里头的水果，皇帝竟然觉得这种行为是给自己面子，赞扬他比平时大有进步，可以想见他平日里有多恭谨了。

吕僧珍一生为官正直，没有过任何贪贿敛财行为，不过他的这种高洁品行却为自己的邻居赚取了一笔丰厚的意外之财。

有个叫宋季雅的官员购买了吕僧珍邻居家的房子，吕僧珍问他买房花了多少钱，宋季雅回答说，一千一百万。吕僧珍听后同情而又惋惜地对他说，唉，你买贵了，被宰得太狠了！这地儿的房价顶多值一百万。没想到宋季雅回答他说，是啊，我知道这房子只值百万，但"一百万买宅，千万买邻"。宋季雅说，他付出的一千一百万购房款中，一百万是用来买房子的，另外一千万，则是用来购买邻居的。说白了，就是为了跟吕僧珍成为邻居，他才心甘情愿一掷千金，多付了千万房款，他觉得值。这就是"千万买邻"成语典故的由来。

只是，在当代人的意识里，邻里关系已越来越淡漠，很多人即使住在一个小区，甚至一个单元里，不认识、不熟悉、不交流也是常态。人与人之间的信任关系，可以肯定地说，不如古代社会多矣。

第八章　惨绝人寰浮山堰

说起三峡大坝，中国人没有不知道的，它位于湖北省宜昌市，是中国最高、最大的拦水坝，海拔高度约一百八十五米，坝长约两千三百米。这座大坝将浩浩荡荡、奔腾翻涌的长江拦腰切断，从此，长江上游的江水被高耸壮观的大坝拦截在宜昌以西，听凭人类用于发电、航运、灌溉、旅游等调遣。

三峡大坝是长江上唯一的一座大坝，至于这座大坝的建成对所在地的环境、生态、地质、气候等方面是否会产生负面影响，本书忽略不论，能在水流不息的江面上成功造出这么一座雄伟的大坝，其科技含量自是非同小可。如果没有现代精密的机械设备以及发达的科学技术做后盾，单凭人工蛮力，是极难完成生生堵塞长江流水的任务的。那么，在科技不发达的古代社会，有没有人产生过堵截长江的想法呢？

答案是肯定的。三国时期东吴丞相步骘就曾经跟皇帝孙权提起过这件事。他怀着一颗极高的警惕之心给孙权上了一份《表言塞江》奏章，里面有这样一段文字：“北降人王潜等说，北相部伍，图以东向，多作布囊，欲以盛沙塞江，以大向荆州。”步骘告诉孙权说，从北方投降过来的王潜等人说，北方人正在集合部队，准备向东进攻我们。他们制作了很多布囊，然后每个布囊里都装满沙子，打算把这些装满沙子的布囊丢进长江，堵塞长江水流，使军队徒步过江进攻荆州。

步骘感觉自己得到了一个事关国家生死存亡的绝密情报，赶紧上报孙权，请他针对北方军队这种全新的渡江战术，提前做好应对防备措施，以免到时候措手不及。

孙权看完奏表后对他说，你放心，曹魏必不敢过江来攻打我们。为了表明自己信心十足，孙权还说愿意就这件事和步骘打赌："若不如孤言，当以牛千头，为君作主人。"这赌注很大，要是赢一场就变成富翁了。孙权说如果他估计得不对，曹魏真的过江来进攻吴国，他就输给步骘一千头牛。

孙权也挺有意思的。当然我说他有意思，并不是一千头牛做赌注这件事，而是他竟然没有对丞相步骘的"布囊装沙堵长江"的奇葩想法做出任何表情或言语上的反应！难道他也觉得这种天方夜谭般的想法能被付诸实施？

倒是另外两个大臣吕范和诸葛恪做出了反应："每读步骘表，辄失笑。此江与开辟俱生，宁有可以沙囊塞理也！"这两位老兄都笑岔气了，说每次看到步骘的奏表都乐得不行，这条大江自开天辟地的时候就有了，哪有用沙囊可以截断这汹涌流波的道理！

步骘的这个"布囊堵江"的奏表成了一个笑话，因为古人知道，激流涌动的大江大河是难以堵塞的。中国古代有四条独自流入大海的河流，就是被称为"四渎"的江、河、淮、济，古代典籍里的"江""河"两字是特指的，江，就是指长江；河，就是指黄河，这是固定的专称。其他的河基本都统称为"水"，如淮水、济水、汉水、渭水、洛水、淝水……

四条大河波浪宽。"四渎"自存在以来，没有人实施过哪怕是一次对它们的截流行动。中国古人似乎更偏爱挖河，从遥远的春秋时期就开始挖河渠了，到隋炀帝杨广的时候，甚至直接从杭州挖到北京，南北约三千里，一挖通清波。而古人对于堵截河流却似乎没什么兴趣，即使是中小河流，也没留下什么值得一提的关于截流改道的实例。唯有淮河曾经像今天的长江一样，被拦腰堵截过一次。这一次，就发生在梁武帝萧衍时期的天监年间。萧衍又干了一件其他皇帝没干过的事情——在淮河上修筑大坝，截流淮河。

那是发生在天监十三年的事。那个时候，萧衍还有着一颗打败北方政权的雄心，希望有朝一日能让南方的正朔之光照耀在最具象征意义的长安和洛阳两大城市上空，那样自己就是普天之下最了不起的帝王了。在这种执政思路下，建国十几年来，萧衍一直没有停止过对北方用兵。

当然，话说回来，北方的魏国也不是善茬，他们也有正朔情结，一直打心底里瞧不起南方岛夷，想将自己的弯刀、羊奶生活延展到长江以南，所以也天天揪着梁国军队打。正好，两个无视和平的重要性的政权十分合拍地整天打打杀杀。

从现在的地图上看，自陕西汉中市开始，到湖北襄阳市，再到河南信阳市，然后斜拐到安徽蚌埠市，这么漫长的边界线都是烽烟弥漫的战场。双方的军事力量主要在川蜀地带和淮河流域激烈对峙，其中淮河一线是厮杀最为频繁的主战场。而淮河战场最重要、最让萧衍寝食难安因此一心想夺下的城市，便是寿阳。

有关寿阳城的来龙去脉，前文已经交代过，最根本的问题出在裴叔业那儿，是他做主把寿阳城送给了北魏。不过他刚做完免费赠送城池的决定就死了，结果闹出了后面一大摊子超出所有人想象的麻烦、惨痛的事件。

为了拔掉寿阳这颗扎在淮河岸边的硬钉子，萧衍也曾下令梁军拼命攻打，希望能拿下城池，赶走魏军。无奈寿阳这座老城太坚固、太易守难攻了，无论怎么突击冲锋，除了徒送将士性命外，都起不到任何明显的军事效果。所以，十几年来，寿阳一直是萧衍的一个心病，而且这心病还是无药可治的绝症，因为萧衍明知道有病，也明知道是什么病，但没有大夫能治得好，只能长期忍着。

终于有一天，有个人说能医好他的心病，向他献上一计，说如果照计实施，夺取寿阳则如囊中取物，简直不叫事儿。这个人名叫王足，是刚从北魏投降至南梁的一个将领。

那会儿南梁和北魏互相拆台，双方都无条件收容对方的降人，只要是从对手那里跑来投降的，不问原因、动机，一律热烈欢迎。所以当时两边接收投降者都十分频繁，将领们一个不痛快就有可能拉着队伍投靠到对面国去了。像陈伯之，先是南梁的，后来投靠了北魏，最后又回炉重归南梁。这样的事情很普遍，大家都习以为常，没人觉得投降者是卖主求荣，反而认为这种行为是弃暗投明。

王足就是在这种氛围中由北魏投向南梁的。他在北魏是益州刺史，北魏皇帝不知道什么原因，在没知会他的情况下就直接派了一个人顶替了他的益州刺史职位。王前刺史感觉很不爽，遂南下投降了南梁。

来到南方好几年，王足也没立过什么引人注目的大功。可能是由于立功心切，他给萧衍写了一封奏折："求堰淮水以灌寿阳。"王足在奏折中建议在淮河修筑水坝，拦阻河水，抬升河面，使淮河流水倒灌，淹没寿阳城。这样，不费一兵一卒，梁军就可收复寿阳。

萧衍一看这奏折，如获至宝。自己咋就没想到这好点子呢？以水代兵的战斗，咱以前也干过呀，合肥不就是水淹回来的吗？水淹寿阳，我看行！于是迫不及待地派水工陈承伯、材官将军祖暅前往淮河大堤，实地勘察地形地貌。

这两人用现在的话讲，都是水利专家，在水利工程建设方面十分在行，其中，祖暅是祖冲之的儿子，负责掌管南梁的土木工程。祖暅遗传了他父亲祖冲之的智商，天文、地理、数学、几何样样精妙，他是"祖暅原理"的发明人，计算球体积的公式就是他推算出来的。同样的原理公式，西方直到17世纪才出现。萧衍派这样的资深专家去调研论证修建大坝的可行性，是真正找对人了，基于祖暅的专业水平，他跟水利工程师陈承伯两人所得出的考察结论，应该是正确而无懈可击的。

经过认真勘察，两人一致回复萧衍：“淮内沙土漂轻不坚实，功不可就。”他们劝萧衍打消在淮河修筑拦水坝的念头，并说明了三条不能筑坝的原因：淮河土壤含沙量太大，水流太急，河床土质疏松不坚固，无法修筑大型水坝。

萧衍听了两人的汇报后很不高兴，把两人的专业结论撂在一边，执意要修筑大坝，水淹寿阳。他下诏从附近的徐州和扬州征调民工，每二十户家庭征五名男青年参加淮河筑坝工程。靠着这种强制手段，抓壮丁般地聚集了十几万人，再加上几万军队士兵，总共二十万人，开始了前无古人的创举，在淮河上截流筑坝。

萧衍确定的筑坝地点位于今天的江苏省与安徽省交界处，一边是江苏泗洪县，一边是安徽五河县。这地方其实离寿阳城很远，至少隔着两百公里的距离。为什么萧衍要舍近求远，不在距寿阳城十公里的地方筑坝，却定在那么远的地方呢？是因为看中了那里的地形条件了。别的地方没办法拦住水，你筑坝把河面拦住了，水会从坝的两边流出去，你加宽坝的两边，水会从更远的坝的两边流出去，没法弄。

而萧衍选中的这个地点是整条淮河很罕见的峡谷河段，河的两边都是山峰，南边的山叫浮山，北边四公里外的一座山叫巉石山。王足当时给萧衍提的建议就是在浮山和巉石山之间，筑起一座大坝，利用南北两座山峰的高度，将淮河水挡住，最终迫使河水倒流，淹没四百里外的寿阳城。

因为大坝靠浮山而筑，所以这座大坝史称“浮山堰”。浮山虽说也叫山，但其实就只是个一百多米高的小山包，因为在一马平川的淮河河道旁边，所以显得突兀高大，别具韵味。

这座小山现在还孤零零地立在那里，山顶上光秃秃的，啥都没有。在古时候，山顶上还建有庙宇，登庙赏景，极目千里，河水如练，残阳如血，也是一番雅致景象。苏东坡、白居易、李绅、秦观等唐宋大家都曾到此游览，还留下了不少诗作。只不过那些诗作都不出名，没有像寒山寺、鹳雀楼、桃花潭、杏花村那样，因一首诗而红遍华夏。

萧衍在浮山堰这个国家重点工程上可谓不惜血本，他派遣自己的亲信，太子右卫率康绚全面负责浮山堰工程。这时候的康绚其实扮演的是两种角色，一种是浮山堰这个南梁国字号工程建设指挥部总指挥，另外他还承担着浮山堰建设保卫部部长的职能，当北魏军来工地打砸捣乱的时候，康绚必须指挥士兵对敌作战。

当时制定的施工方案是两边同时开工，南北两支施工队伍分别从两岸造堤填河，最后在中流合拢。

二十万人日夜劳作，在军方监工的敦促下争速度、赶工期，截流工程进展很快。天监十三年十月开工，到第二年四月，用了半年的时间，大坝还真的成功合拢了，截住了滔滔东流的淮河水。

萧衍心里头那志得意满的劲儿，简直跟喷泉水一样，咕嘟咕嘟往外冒。你们不是说土壤含沙量太大、水流太急、土质太松吗？我怎么就把大坝建成了？可是还没等他高兴几天，现实就狠狠地扇了他一巴掌。刚刚建成的大坝因为水流湍急，被冲垮了，河水依旧浪接浪、波连波地向东边大海的方向流去。

如果这时候萧衍能冷静地思考一下祖暅和陈承伯两位专业人士给他的那个结论，及时停止浮山堰工程，那就不会有后面的惨剧发生，他本人也会在中国历史上变得正面不少，但他在这个问题上已经疯了，不堵住河水誓不罢休。

没有人去思考天才祖暅的科学结论，都在忙着查找他们所认为的大坝被冲溃的原因。大家七嘴八舌一阵头脑风暴后，达成了共识：是水中的蛟龙捣乱所致！

今天的读者看到这个说法一定会觉得很可笑，水里只有鱼虾老鳖，哪有什么蛟龙？可古时候的人不这么想，他们虔诚地相信水里面有神存在，所以会经常祭祀河神什么的，请求河神给面子，别发大水别破堤坝，在自己都吃不饱肚子的情况下，还慷慨万分地朝河里面扔各种美食孝敬河神，甚至有给河神娶媳妇的，惨无人道地把漂亮女孩丢进河里。古代帝王对此也是深信不疑，把祭祀五岳四渎列为国家祭祀工程，对山神、水神一并行豪华祭祀礼。

南梁这次溃坝，大家没说有河神什么事，全都一口咬定是蛟龙在搞破坏。于是有人就拿出了镇邪的方子，说蛟龙虽然能呼风唤雨，摧毁堤坝，但它有个罩门，也就是我们通常所说的阿喀琉斯之踵。阿喀琉斯虽然刀枪不入，但他的脚后跟是罩门，砍他的脚后跟就能让他毙命。蛟龙天不怕地不怕，但它也怕一样东西：铁器。如果把大量的铁器扔进河里，蛟龙就会害怕逃走，拦水坝就能顺利筑成。

要铁器好办。当时建康郊区有两个冶铁厂，主要冶炼民用铁器。康绚在报请萧衍同意后，将两个冶铁厂里的所有已经成型的产品和原料全部沉入淮河溃口处的水底，反正是有什么沉什么，一件不留，沉到水里的铁器总数有几千万斤之多。但大坝的缺口依然没有堵住，由于两边存在阻隔，水势变得更加湍急汹涌。

为了堵住溃口，他们又想到了一个办法——砍伐树木。先将粗大的树干捆扎成井字箱，然后往里面码放巨石，再用土填满石头与石头间的空隙，最后将井字箱推入水中，阻遏流水。

这种原始的堵塞河口的方法，造成了巨大的人间灾难和生态破坏，史书记载的当时的惨状让人不忍卒读：“缘淮百里内木石无巨细皆尽，负檐者肩上皆穿，夏日疾疫，死者相枕，蝇虫昼夜声合。”由于树木和石头的需求量太大，淮河两岸百里之内的树木和石块，无论粗细大小，都一扫而光。山上、坡旁所有的树木都被砍光，地上、路边所有的石头都被挖光。

这些树木和石头，全靠筑坝的士卒和民工或挑或抬运到溃坝处。他们的肩膀全被磨得皮肤破损，血肉模糊。加上当时正值盛夏高温，大量伤员聚集在一起带病工作，伤口发炎感染，疾病交叉传播，引发瘟疫蔓延。工地上死人无数，尸体叠加相枕，臭气熏天。别说夜晚，即使是大白天，苍蝇以及各种昆虫都会围着腐烂的尸体发出嗡嗡的声音，听上去特别响亮。整个筑坝工地仿佛成了人间地狱。筑坝工人的生命在统治者眼里，不如草芥，轻于鸿毛。

正因为如此，胡三省才会愤怒地发出“洛口之败，死者几何人？浮山之役，死者几何人？寒山之败，死者又几何人？”的诘问。不知道萧衍所谓不杀生的理念此时潜伏在身体里的哪个部位。他既然能感受到一只蚕死亡时的痛苦，为什么却感受不到千万人遭折磨毙命时的痛苦？就是他的狂热和盲目，致使生灵涂炭，百姓家破人亡。所以，萧衍的不杀生、慈悲，不要相信，是虚伪的。

还是那个工地，还是那些筑坝人。侥幸躲过夏天瘟疫的建设者应该是幸运的了吧？但是，冬、夏都吃人。他们躲过了夏天的疾病，却躲不过冬天的寒冷，“是冬，寒甚，淮、泗尽冻，浮山堰士卒死者什七八”。天监十四年的冬天格外寒冷，淮河、泗水全部结冰，修筑淮河大坝的军民因没有御寒衣被，被活活冻死了十之七八。

二十万人筑坝，约十六万人被冻死，再加上夏天瘟疫所造成的死亡人员，最多也就三万人能平平安安走到最后。单纯的劳役工程造成这么高的死亡率，历史上极为罕见。

付出了这么惨重的代价后，天监十五年四月，浮山堰终于完工，淮河上第一座土石大坝真的如萧衍所愿，将滚滚向前的河水阻挡在浮山与巉山之间。

让我们来看看有关浮山堰的一组大数据：“其长九里，下阔一百四十丈，上广四十五丈，高二十丈，深十九丈五尺。”把这些数据换算成今天的单位，就是大坝长约四千五百米，坝底宽约四百六十六米，顶部宽约一百五十米，坝高约六十六米，蓄水深度约六十五米。

这些机械枯燥的数字，大家可能觉得乏味无趣，但这些数字都是非常具有突破意义的，在当时的整个世界上，这个大坝的规模绝对是领先全球的，没有哪个国家能造出这么高、这么长的大坝。据建筑业人士说，国外的土石坝到12世纪才突破三十米高度，而浮山堰在六百年前就把同样的建筑材质的大坝筑到了六十多米。中国古代文明的高度在这座大坝上得到了淋漓尽致的体现。

大坝建成以后，蓄水量便凶猛上涨，水位最高时形成的水域面积超过六千平方公里。六千平方公里是个什么概念呢？新安江水库，也就是千岛湖，很多人都去游览过。那里湖水碧蓝清冽，烟波浩渺，似乎大到无边无际。是的，千岛湖确实很大，流域面积五百多平方公里。而浮山堰这个经人工干预形成的堰塞湖比千岛湖大十倍都不止！

来个更直观的比方吧。上海市面积大约六千三百平方公里，如果把现在的上海市整个放进浮山堰，紧紧巴巴能把这个堰塞湖填满。这么大面积的一个湖，假如单从视觉感官上来评价，绝对称得上是景色壮丽、场面壮观。若在浮山堰大坝上极目远眺，定是湖面如镜，水天一色，碧浪清波，烟笼鸥影。

但是，这种美是非常残酷、非常晦暗的，它毁灭了无数百姓的家庭幸福和安宁。

新安江水库建设时，属于库区的几十万居民都被提前搬迁走了，库区蓄水后淹没的只是一座座以前住人的空城，这些城镇现在还几乎以原封不动的样貌静静地躺在水底。

但萧衍搞的这个浮山堰可不一样。他只管筑坝堵水，不管百姓搬迁。你要是觉得大坝筑好后会淹掉自己的房子，那赶紧卷铺盖搬走，没人会给你拆迁补偿费；如果认为自己住的地方地势高淹不到，那就留下来做岛主。

浮山堰蓄水高度达到六十多米，淹没了大批的农田和民宅，给世代居住在附近的百姓带来了灭顶灾难，“其水清洁，俯视居人坟墓，了然皆在其下”。人在岸上，可以清晰地看到浸泡在水下的房屋和坟墓。

浮山堰建成后，南梁军根据萧衍的指示，做好了长期驻守大坝的准备。他们不仅在坝顶栽种了柳树，为了保护大坝免遭北魏军队破坏，还直接将军营设在了坝顶上，以方便随时进行护坝战斗。

南梁建筑浮山堰的行动让北魏特别紧张，他们很在意寿阳城的安全，知道一旦这个大坝筑成，寿阳必将被埋于一片汪洋之中。所以在南梁开始筑造大坝没多久，北魏就派出了萧宝寅、杨大眼等大将率领军队沿淮河向东攻击，一直打到大坝边上，差一点儿就跑到坝顶开口子放水了。

梁军要拦水，魏军想放水；魏军想放掉梁军拦住的水，梁军偏不让魏军放掉自己拦住的水。两国军队你来我往，为此斗得相当激烈，但魏军没有占到便宜，始终被梁军阻挡在大坝安全区域之外。萧衍怕康绚一支军队抵挡不住魏军，先后派出了好几支军队增援浮山堰战场。

随着堰体蓄水越来越深，北魏朝廷焦虑不已，决定加重战争力度，派遣任城王元澄点足十万大军，从徐州南下，要求元澄务必毕其功于一役，彻底摧毁浮山堰大坝。就在十万大军即将出发的时候，尚书右仆射李平站出来阻止这场军事行动，他建议朝廷不要针对大坝使用武力，什么事都别做，只管安静地在一旁看戏，“不假兵力，终当自坏”。李平信心十足地预言，不需要动用一兵一卒，大坝最后一定会自己溃塌的。

李平所期望的溃坝也一直是筑起大坝的南梁方的心病。随着时间的推移，浮山堰水位越来越高，这么大的水量对刚刚建成的新坝所形成的冲击和压力是难以想象的。

总指挥康绚为了减轻大坝压力，在大坝上游挖掘了一条泄洪水道，引导河水分流。同时还故意派间谍到北魏那边去实施反间计，在魏国散布“梁国不怕跟魏国打仗，最怕魏国挖掘泄洪水道”的小道消息。

当时在大坝对面驻军的是萧宝寅，他听到这个消息后，跟捡到了宝贝似的，大喜过望，立即派部队在北岸展开放水行动。他觉得这个办法太好了，你康绚不是不让我去大坝那儿放水吗？我不去大坝照样能放水！魏军动作迅速地开凿出了一条水道，于是堰体里的河水又从北边找到了一个出口，哗哗哗地往外流。

萧宝寅自始至终都不知道，他拿着魏国的工资，却不计报酬地为对面梁国当了一次枪手，还是人家指哪儿他就乐呵呵傻乎乎地打哪儿的那种。

别说，浮山堰这个被皇帝钦点加力推的重点工程完工后，还真是和萧衍预想的情形一致。淮河水终于替他达到了他想达到却多年都无法达到的目标，把寿阳城里的魏军赶跑了。

由于大坝的阻拦，河水向西倒灌，寿阳城被淹没。只不过，虽然寿阳城被洪水吞没，但北魏并没有因此而遭受重大损失，寿阳刺史李崇早就提前做好了水淹寿阳的各项准备工作，在高处建起了一座新城，并在淮河上架设浮桥，人员全部转移到离寿阳不远的八公山上，再大的水也淹不着。

所以，萧衍兴师动众、劳民伤财筑起的浮山堰，实际上只淹掉了一座空城，而且自己也得不到，总不能扎猛子到水底下去办公吧。可以说，梁武帝萧衍干的筑坝这件事，完全是损人不利己。

康绚在挖开泄洪水道后不久就被萧衍重新调回朝廷，因为萧衍觉得，大坝筑好了，康师傅的任务就算是完成了，他免去其浮山堰工程建设总指挥的职务，朝廷另有任用。

接替康绚管护大坝的是一个名叫张豹子的刺史。张豹子对大坝没有前任长官康绚那么尽心尽责，一副无所谓的样子，从不对大坝进行巡查看护，这就给溃坝埋下了隐患。

大坝水位继续上升，在百亿吨级的天量洪水面前，之前康绚和萧宝寅在东、北两边开挖的两条泄洪沟的那点放水量也就相当于管涌，根本无济于事。

天监十五年九月十四日，震惊历史的溃坝事件发生了。当天，由于淮河水位暴涨，“堰坏，其声如雷，闻三百里，缘淮城戍村落十余万口皆漂入海”。浮山堰大坝承受不住洪水压力，轰然崩塌，发出天雷般的巨响，三百里以外都能听到这声雷鸣巨响。沿淮河两岸而住的所有村庄瞬间被洪水卷走，十几万百姓被冲进大海，葬身鱼腹。

在所有的自然灾害中，洪水大概是杀伤力最强的。因为洪水来得太快了，一旦溃坝或者爆发，就会迅速无孔不入地侵入城邑宅院，让人来不及反应，来不及躲避。作为下游的民众，无论你是在家吃饭睡觉，还是在田野劳作忙碌，当天量的洪水卷来时，生还都是不可能的。正因如此，浮山堰溃坝才会造成这么多人的死亡。

浮山堰从建成到溃破，只存在了短短的四个来月。四个来月的时间里，这项有弊无利的军事工程害了上游害下游，把上游淹掉了，把下游冲掉了，造成了二十多万人的死亡，比唐山大地震造成的死亡人数还多。

地震属于天灾，无法避免或预防，而发生在南梁的这次惨绝人寰的事件，则是完全可以避免的，或者说本不该发生的人祸。如果再加上筑坝期间死去的人，那么这项工程从头到尾造成的死亡人数起码有三十万之多，而导致三十多万人惨烈死亡的祸首就是梁武帝萧衍。

如果不是他穷兵黩武，如果他有百姓为大、生命至上的情怀，如果他能理智地接受祖暅、陈承伯“此处不能造大坝”的建议，就不会有这种遗臭万年的血淋淋的现实。

任性的权力真是太可怕了！萧衍对水利、地质一窍不通，但却能轻易否定专业人士通过实地考察得出的科学结论，强令祸国殃民的夺命工程上马，就是因为他虽然不拥有知识，却拥有无边的权力。

萧衍为什么看不出来大坝危机呢？不是他脑子有毛病，不是他比别人笨，而是因为他高高在上惯了，我行我素惯了，唯我独尊惯了，漠视民众惯了。他不想看出来，也不愿意看出来。

那么多人都看出来了：李平看出来了，祖暅看出来了，陈承伯看出来了，郦道元也看出来了。郦道元当时还没有被萧宝寅杀害，他在自己的著作《水经注》中这样评论萧衍弄出的豆腐渣大坝工程："逆天地之心，乖民神之望，自然水溃坏矣。"郦道元评在了点子上，一语中的。他认为萧衍推行的这个浮山堰大坝工程，违背了天道自然的正常规律，违背了正常的民心期望，结果自然也不可能是好的。

北宋著名词人秦观感慨于浮山堰的死亡人数之多，特地写了一篇《浮山堰赋》。在赋文中，秦观也指出了这项工程是"背自然以开凿兮，固神禹之所恶"，批评萧衍不讲自然规律，倒行逆施，人神共愤。

有意思的是，秦观还在这篇文章中提出了一个新颖的观点，认为王足向萧衍建议修筑浮山堰，是一种有意为之的"诡计"。类似的这种"诡计"历史上倒是真有过，像现在已成为"世界灌溉工程遗产"的郑国渠，就是战国时期韩国的"诡计"的产物。

弱小的韩国害怕如狼似虎的秦国出兵攻打自己，便派高级水利专家郑国到秦国游说，怂恿秦国在泾河与洛河之间开凿一条水渠，目的是想让这个长达三百余里的浩大工程拖住秦国，让秦没时间、没精力来攻打自己。虽然后来郑国渠的实际效果适得其反，但郑国当初去秦国献计的时候，确实打的是"诡计牌"。

秦观认为，王足就是南朝的郑国，是受北魏指派，别有用心地给萧衍出馊点子，让萧衍上当，是一种反间计。实际上这种观点是经不起现实推敲的。之所以有浮山堰，只是因为王足想立功，萧衍也想立功，两个人正好在合适的时机，巧合地对上眼了，如此而已，没有更复杂的其他了。

如果王足真是来使反间计的，那大坝蓄水以后，萧宝寅也不会在他那边将坚固的大山凿开好几丈长的涵洞排水了。既然他和王足都希望大坝快点溃破，水淹南梁，为什么还去凿洞放水呢？水越多，大坝被毁的可能性就越大，看热闹还嫌事儿多吗？这时候放水排洪，除非他脑子进水了，否则于理不合。

再说，寿阳一直是北魏万分看重的南线战略城市，他出主意给敌人，叫敌人拦坝把这座靠中奖般的运气才得手的重镇变成海底捞？这也不符合逻辑。

而且从王足的行为上也可以确定他不是间谍。如果是的话，那么在浮山堰大坝溃破后，他应该立即从南梁消失。因为他圆满完成了这么重大的任务，自然可以平安回国接受立功勋章了。可事实上王足一直留在南梁，直到去世。从这几点就能推断出，王足不是郑国，浮山堰也不是郑国渠。

总之，萧衍在这场灾难中扮演的是一个蠢笨的昏君角色。就浮山堰工程，王夫之将梁武帝萧衍和春秋末年晋国四大贵卿之首的智伯捆绑在一起进行评价。

智伯当年联合韩康子、魏桓子引晋河之水淹灌赵襄子所在的晋阳，没想到最后却搬起石头砸了自己的脚，韩、魏阵前反戈，和已被大水淹得奄奄一息的赵襄子结成联盟，杀了智伯，瓜分了他家土地，留下了“三家分晋”的典故。

王夫之等于是说，前有智伯，后有梁武，两人都是一样的悲催不慧，“前乎智伯者，未之有也，而赵卒不亡，智自亡耳；后乎智伯者，梁人十余万，漂入于海，寿阳如故”。春秋时的智伯使用水淹法攻打赵国，结果赵国没亡，智伯自己亡国了；梁国的智伯同样水淹寿阳，结果寿阳没啥事，梁国自己淹死了十几万人。

浮山堰工程只是梁武帝萧衍的一个不切实际的梦，对当时的人民来说，更是一个可怕的噩梦。一千四百多年过去了，在浮山堰附近，我们仍然能够看到当年筑坝所留下的高台土堆遗址。这些土台结实异常，虽历经千年风雨剥蚀，有的地方依然有好几层楼那么高。它们孤独地伫立在旷野中，让人生出无数思古情思与遐想。

今天，我们在凭吊这些古迹的同时更应思考，为什么这些坚硬的土基会被冲垮？为什么科学的精神敌不过傲慢的权力？为什么萧衍在这件事上被万世耻笑？

第九章　萧统：太子的楷模

在以集权为本质特征的帝制时代，每一个王朝都会遇到最高权力的交接问题。因为拥有绝对权力的感觉实在是太美妙了，所以，很多人都想成为皇帝。

如果是在乱世，皇帝的人选会变化得很快，今年是王皇帝，明年可能变成周皇帝，过两年兴许皇帝又易姓了，基本上是谁更强大、谁更凶狠，谁就能当皇帝，轮流坐庄，各领风骚。但如果在治世，在国势稳定的朝代，接替最高权柄，成为下任皇帝的人就永远是固定的，且只有一个人，这个人就是——太子。

梁武帝的太子萧统就是这样的一个幸运儿。

关于萧统，我所说的“幸运”并非一般意义上的幸运，而是远远超越一般意义。萧统是梁武帝萧衍的长子，萧家第一个出生的男孩。这个偶然的出生次序，赋予了他天然的皇位继承人地位，注定了他的人生从此与众不同。之所以说萧统超级幸运，是因为他的出生，真的是超级意外，意外到他的父亲萧衍压根儿就没有想到。

在讲萧统的意外出生之前，我们先来了解一下萧衍的婚恋史。

萧衍的正妻叫郗徽。郗徽不仅姓很生僻，名字也没多少人知道，那我们就说说她的老祖宗郗鉴好了。郗鉴是东晋著名的政治家、军事家、书法家，官至太尉，很厉害的一个人。怎么？也没多少人知道他？好，那再说个大家绝对都知道的。“东床快婿”这个典故想必没几个人不知道，那个派管家到王家为女儿海选郎君的老丈人就是郗鉴。

一大帮王家子弟听说太尉府来人挑选女婿，个个都梳妆打扮，把自己装点成小鲜肉大帅哥，只有王羲之袒胸露背，不修边幅地在东厢房作深沉思考状。郗鉴还真是个神奇的伯乐，听了管家的口头汇报后，连王羲之的面都没见过，就给爱女郗璿定了终身：锁定那个躺在床上思考人生的小伙子，就他了。

郗鉴的这次公开选婿活动为中国的书法事业做出了重大贡献。后来王羲之和郗璿生了七子一女，七个儿子个个都是大书法家，尤其是王献之，风头一度盖过父亲。如果不是萧衍特别偏爱王羲之的书法，后世“书圣”的名号指不定是在父亲头上还是在儿子头上呢。

郗徽家族自祖上以来一直属于贵族阶层，她的母亲是宋文帝刘义隆的女儿寻阳公主。虽然是金枝玉叶，但郗徽家教不错，素质也相当出众。她人很聪慧，喜欢读历史书籍，写得一手好隶书，而且针线女红活儿也都娴熟得很。这样的大家闺秀，来家里提亲的自是踏破了门槛。

刘宋朝的时候，后废帝刘昱想纳郗徽为皇后，但郗家认为刘昱暴虐无常，不愿意应这门亲事，就推说女儿有病，不能嫁人。萧齐朝时，萧家的安陆王萧缅又来提亲，想娶郗徽为王妃，郗家还是没看上萧缅，又说女儿有病，打发走了萧缅。到萧道成当政末年时，郗徽的爷爷郗绍在万人之中相中了其时尚籍籍无名的萧衍，果断把孙女嫁给了他。

也不知道历史记载的是不是事实，居然放着皇后、王妃不做，而去做一个政府小职员的妻子。如果属实，那说明郗家人的眼光真是太精准独到了。

结婚以后，这对小夫妻感情融洽，甜甜蜜蜜地生了三个孩子，可惜的是，三个都是女孩子，这在讲究家族传承、香火祭祀的古代社会是非常令人沮丧的一件事。

萧衍觉得自己大概很难有儿子了，便跟弟弟萧宏商量，将萧宏的儿子萧正德过继到自己这房，给自己当儿子。古人过继儿子的目的，不是为了生前，而是为了死后。因为他们觉得人死后是有灵魂的，必须要有跟儿子给自己奉送贡品食物，自己的灵魂才不会无家可归，不会饥寒交迫。而同样是亲骨肉，女儿没有祭祀权，所以，那时候的人对生儿子是非常执着的。

萧正德过继给萧衍几年以后，萧衍纳了一个妾室——丁令光。丁令光是萧衍在担任雍州刺史的时候纳回家的。雍州的州政府办公地设在襄阳，而丁令光家世代都住在襄阳。于是，有缘千里来相会的故事就发生了。

有一天，萧衍登楼远眺，看见一个美丽女子在汉江岸边漂洗衣絮，他看上这个漂亮女孩了，便叫人去打探她的情况，得知这个女孩叫丁令光，十四岁，丁家已经答应了同乡人魏益德的求婚，魏家正在准备聘礼，只等吉日下聘。

萧衍一听还未下聘，赶紧先下手为强，飞快地派人给丁家送去了一个金手镯，表达了自己的纳妾愿望。丁家人看萧衍是本地父母官，不好得罪，另外见萧衍是个人才，便答应了这门亲事。至于魏益德那边，也没什么，顶多略表歉意地解释一下，因为毕竟只是口头答应，还没有正式接受对方聘礼，不算悔婚。

在古代的婚姻规矩中，萧衍这种做法虽然算是横刀夺爱，但还谈不上是第三者插足。魏益德的悲催遭遇警示大家，谈恋爱，真的是下手要趁早。

关于丁令光，史书上有好多神奇的情节。前面说的萧衍登楼看到在汉江边漂絮的丁令光时的场景，史书上进行了大肆渲染，说丁令光所在的那块天空，五彩云霞组成了一条飞龙状的图案，暗示丁令光将来有龙凤前程。

还有我之前说过的古籍中的“三大忽悠”情节，丁令光刚出生的时候，产房里便紫烟满室，一个相面人断言：“此女当大贵。”丁令光成长的过程也伴随着各种传奇，“少时与邻女月下纺绩，诸女并患蚊蚋，而贵嫔弗之觉也”。少女时代的丁令光经常与邻家女孩在月下纺纱织布，其他女孩都被蚊子叮咬得不胜其烦，但丁令光身边却没有一只蚊子，蚊虫们像开会商量好了似的，集体选择不叮不咬丁令光。

最神奇的当属下面这个情节了：“贵嫔生而有赤痣在左臂，治之不灭，至是无何忽失所在。”丁令光一生下来左臂上就有一颗红痣，用现在的话讲就是胎记。这个红痣胎记应该是蛮大的，影响观瞻，所以丁家人曾用多种方法治疗，希望能去除这个胎记，但结果都是徒劳。但自从跟萧衍结婚以后，丁令光手上这颗久治不去的胎记痣，竟然不翼而飞，不知道啥时候就自动不见了。

对于史书上记载的这种神奇事件，大家抱着看热闹的心态去看就行了，一般情况下，只要是有这类神乎其神的情节出现，所记录的主人公都是正面人物，反面大魔头极少会这么写。所以，根据套路，丁令光肯定是一个非常正面的历史人物。

丁令光后来成了萧衍的六宫之主，被封为贵嫔。贵嫔在南梁后宫中仅次于皇后，但由于皇后一直空缺，所以，丁贵嫔就一直相当于皇后。不过，丁令光后来能成为贵嫔，也是一步一步艰难熬出来的。刚嫁给萧衍那会儿，她是饱受萧衍正妻郗徽的刻意加恶意打压和欺负的。

郗徽各个方面都好，但却是一个大醋坛子，见萧衍趁自己不在身边时纳了一个年轻漂亮的姑娘，醋意大发，便以正妻身份合理合法地压迫、刁难丁令光。她给丁令光指派任务，叫她每天舂米。

舂米是一种非常耗费体力的劳动，就是把稻谷放进石臼里，然后用木杵在石臼里不断捣击，使壳米分离。古代的大米饭不光是种的时候粒粒皆辛苦，舂米的过程也是一粒大米一滴汗的，不像现在，碾米机电闸一推，白花花的大米就源源不断地自动流淌出来，毫不费力，古代都是靠手动的，十分辛苦，因此舂米甚至成了一种刑罚。

秦朝和汉朝都有一种叫作“城旦舂”的徒刑，“城旦”就是筑城，这是针对男犯人的；而“舂”则是针对女犯人的，你犯罪了，判你为官家舂米几年。这活一年干下来，就能让女人形容枯槁、容颜憔悴。谁要是恨哪个女人，就可以让对方去舂米。比如刘邦的皇后吕雉，多恨她的情敌戚夫人呀，刘邦刚死，她就把戚夫人抓了起来。抓起来干什么？舂米呀。吕后把舂米当成是折磨自己情敌的必选大杀器，可见舂米有多累。而在汉文帝改革刑罚以前，城旦舂还是无期徒刑呢。

郗徽也命令自己的情敌每天在家里不停地舂米。而且不光是舂米这么简单，她还给丁令光下达了具体的任务指标："使日舂五斛。"要求丁令光每天至少舂米五斛。那时一斛是十斗，五斛就是五十斗，相当于今天七八百斤的重量。

这简直是绝对不可能完成的任务，别说是一个纤弱的女人，即便是一个膀大腰圆的男人，一天舂米五十斗也是极其困难的，没那么高的工作效率。但丁令光居然每天都能按质按量完成舂米任务，也不知是不是史书夸大了。

不过就算她每天实际上不需舂那么多米，但大老婆刻意修理小老婆的基本事实应该是真的。尽管如此，丁令光依然毫无怨言，对郗徽恭敬有加，每天小心翼翼地伺候她。

可惜郗徽的人生太匆匆，三十二岁的时候就病死了。她去世的那年是公元499年，还是东昏侯萧宝卷掌权的时代，不过她的丈夫于她死后第二年即在襄阳起兵，第三年打进建康掌控了全国局势，第四年就登基称帝，开创了自己的帝国。

虽然郗家长辈极为精准地帮郗徽锁定了一支潜力股，但就在这只股票突然暴涨的前夜，郗徽却遗憾地走到了生命尽头。她生前没有享受到一丝皇家荣耀，萧衍登基后追封她为"德皇后"。

萧衍虽然好色，但对嫡妻郗徽的感情还是相当真挚的，一生都对郗徽念念不忘，从称帝到死亡这段长达半个世纪的时间里，始终都没有立皇后，这在中国历史上是没有过的。

有一次萧衍梦见郗徽化成了一条龙，钻入了宫中的一个水井里。醒来后，他便命人在那个水井上方建造了一座宫殿，把水井圈在殿中，此后便经常去那个水井边祭奠亡妻，寄托自己的爱与哀愁。直到大同十年，也就是公元544年，萧衍还专程去郗徽的陵墓前哭陵祭奠。这一年距郗徽去世已经四十五年，萧衍也从当年的精壮男人变成了八十一岁的耄耋老者。

这温暖的情景让人想起同是八十多岁老人的陆游怀念青年时代的爱人唐婉的感人故事。一句“伤心桥下春波绿，曾是惊鸿照影来”的诗句，曾让多少人黯然神伤，既凄且美，感慨万端！

很多人在爱情方面都会不经意地看轻老人，认为伉俪情深、琴瑟和鸣只是年轻人的专利，老人心里这块应该早已干涸了。萧衍的行为让我们看到了老人难为人知的温情一面。一个身边拥有无数美女嫔妃的皇帝，四十多年后还去悼念亡妻，还能哭出眼泪，这让当下流行速食爱情的时代的男女情何以堪！在爱情方面，萧衍是当之无愧的长情男，是爱已成往事、情永驻心间的典范男。

郗徽死后，没有人再折磨丁令光了，她的生活从此掀开了幸福的一页。公元501年九月，丁令光在襄阳为萧衍生下了一个他多年来梦寐以求的儿子。这个男孩就是历史上著名的昭明太子萧统。

萧统出生时，萧衍正在建康城外与朝廷军队激烈鏖战，还没有攻进建康城。萧衍是公元500年十一月起兵反朝廷的，当他在建康城外接到儿子出生的喜讯时，距离他挥兵离开襄阳已经过去了十个月。

这期间，萧衍一路前行一路攻打，战果证明起兵所冒的风险都是值得的。而这种时候，在他毫无心理准备的情况下，突然接到自己再次喜当爹的消息，而且当的是不同于以往的儿子他爹，这回还是亲生的儿子，对萧衍而言大概就是老天都站在他这边的一个明证吧，所以萧衍简直欣喜若狂。

后来，丁令光又陆续生下了萧纲、萧续两个儿子。而萧衍在之后的人生中，儿子生得大有一发不可收拾的趋势，总共八个，比葫芦娃兄弟还多出一个。

萧统字德施，小字维摩，都能跟佛教扯上关系。从长子的名字可以看出，萧衍当时虽然还没有皈依佛教，但佛教已经深深浸入到他的精神世界。

萧统还不满周岁时，萧衍成功夺得帝位。即位当年的十一月，萧统就被立为皇太子。当时萧衍就这么一个宝贝儿子，又是太子，所以萧衍对萧统的教育培养是特别重视的，从品行道德到知识才学，调集了当时各个领域的权威大咖，组成了阵容豪华的太子帮帮团，对皇太子萧统进行全方位施教。像沈约、范云、刘勰这些赫赫有名的人物咱就不说了，还有像到洽、庾黔娄、明山宾、殷钧、陆倕这些后世知名度不太高，但名副其实德才兼备的优秀分子。

比如聪明好学的陆倕，他少年时代就在家埋头苦读各种书籍，每一本书，读一遍就能背诵。有一次他借了朋友的《汉书》回家读，不小心把其中四卷《五行志》弄丢了。怎么办呢？那会儿又没有书店，买本新书还给人家不现实，只有自己想办法解决。最终他用了一个好办法，“乃暗写还之，略无遗脱”。他竟然靠记忆把遗失的《汉书·五行志》一字不差地默写了一遍，然后装订好了送还给书主朋友。这本事，给跪了。他脖子上顶的基本不是脑袋，是硬盘。

还有庾黔娄，那就更震撼了。他父亲庾易生病后，医生因不明病情，不好开治疗方子。庾黔娄问有没有什么法子能快速了解病情。医生说：“欲知差剧，但尝粪甜苦。”医生告诉庾黔娄说，只有通过品尝病人粪便是甜是苦，才能确定病人病情的轻重好坏。用嘴巴化验大便这么恶心的事情，谁肯做？庾黔娄做了，“易泄痢，黔娄辄取尝之，味转甜滑，心逾忧苦”。当庾易因痢疾发作而拉稀的时候，庾黔娄毫不犹豫地取了一些大便，尝出的大便味道发甜。按照中医理论，大便发苦才是病愈的特征，发甜则是病情严重的标志。庾黔娄因为父亲的病情加重而心里特别忧愁苦闷。这就是古代著名的二十四孝故事里“尝粪忧心”的由来。

明山宾则是诚实诚信方面的代表。他曾经因为家里很穷，不得不把自家的耕牛牵到集市上去卖钱贴补家用。一个买主很快跟他成交，两人你愿卖他愿买，一手交钱一手交牛。拿到卖牛款后，明山宾可以走人了，但他却没走，而是告诉买牛人："此牛经患漏蹄，治差已久，恐后脱发，无容不相语。"明山宾提醒买主，说这头牛很久以前曾得过漏蹄病，经治疗后好了，有可能以后会病情复发，我得告诉你一声，你心里有个数。买主一听他这么说，抓着他要他给个打折价，于是明山宾退给买主部分卖牛款。可别嘲笑明山宾先生迂腐啊，他这种诚信交易的品格比金子还可贵，当代很多唯利是图的商人缺少的就是这种可贵。

萧衍把这些才华、德行、孝道都百里挑一的精英集中到东宫帮扶太子，对萧统的良好成长起到了积极作用。从启蒙教育到基础教育再到才学提升，全程优质资源让萧统受益匪浅，所以才有后来心地善良、品德高尚、素质出众、才气逼人的昭明太子。

萧统在人生起跑线上就开始领先其他人了，"三岁受《孝经》《论语》，五岁遍读五经，悉能讽诵"。现在三岁的孩子，顶多刚上幼儿园呢，而萧统已经在各位大儒老师的指导下学习经典著作了。到五岁的时候，五经里的所有文章，萧统都能抑扬顿挫地朗读出来。这是非常了不起的成绩，一方面说明老师会教，另一方面也显示学生善学，不然短短两年的时间，怎么能吃透那些生涩难懂的文字？大家去翻一翻《易经》《尚书》就知道，要读懂那里面的文字有多难。

因为是太子，萧统的童年注定不同于其他孩子，不但要跟着老师好好学习天天向上，而且还跟留守儿童一样，经常见不到父母。

为了显示太子与众不同的地位，同时也是为了培养太子的独立性，自五岁起，萧统就单独住进东宫，每五天才朝见一次皇帝爸爸，其他时间都得老老实实待在东宫。东宫什么都有，奶妈丫鬟、宦官警卫、老师应有尽有，就是没有父母。而对五岁的孩子来说，什么都可以没有，就是不能没有父母。这么大的孩子，正是最黏父母的年纪，叫他一个人住在一幢大别墅里，就跟叫成年人住在一间狭窄破旧的小房子里一样，难受加难过。

别看太子风光，其实如果对太子的成长负责，对国家未来负责的话，那太子的成长过程是很煎熬的，有很多限制条款，很多应知应会，很多不许不准，名副其实的吃得苦中苦，方为人上人。

随着时间的推移，萧统渐渐长大，变成了一个集帅气、聪明、仁义、孝顺等诸多优点于一身的青年，“太子美姿容，善举止。读书数行并下，过目皆忆”。不但高颜值，而且还是高智商、高情商。待人接物，举止得体。读书时一目十行，看过的内容马上就能在脑子里记忆储存下来。这种快速记忆的本领，不知道是不是陆倕教的。看来萧统是全部继承了萧家先天优良的基因以及后天优秀的品质。假以时日，他接替皇位，南梁定会迎来一位好君主。

事实上，萧衍对这个大儿子也是很满意的，经常有意无意允许他参与处理一些政事。

萧统十二岁的时候，在宫内看到一帮身穿黑色制服的官员正来来回回地穿梭忙碌，便问左右侍从，这些穿黑衣服的人是干什么的？左右告诉他，那是廷尉官属。廷尉官署相当于现在的法官，当时他们正准备审判一批犯人。萧统把他们的案卷拿起来看了一会儿，突然问那帮忙碌的法官：“是皆可念，我得判否？”他说你们这些判决书我都能毫无障碍地阅读，能不能让我来判决这些案子？当事官员知道他是太子，但看他是个小屁孩，于是故意抱着一种看热闹的心态怂恿他说，可以呀，你来判！

这些正要接受审判的犯人，罪行都比较重，按照当时的法律，虽然不会被判死刑，但至少也是有期徒刑。不过这次他们碰到太子萧统，算他们中奖了。萧统大笔一挥，不管什么罪，统统都是“署杖五十”——每个犯人都打五十板子，执行完毕后就可以回家。

怂恿萧统判决的官员这下傻眼了，他本想看看萧统出糗的热闹，没想到结果是自己被人看热闹了。拿着这份无差别判决，当事官员不知所从。按照太子的判决办吧，于法不合；不按太子的判决办吧，又怕太子怪罪，毕竟是自己先答应太子的。进退两难之下，他只好把情况报告给萧衍，请皇帝裁定。萧衍听完汇报后，笑着让法官照太子的审理结果办理执行。

这次事件以后，法官们像是找到了一个法宝，多次邀请萧统到法庭参加旁听，每次遇到有意想宽大处理的案子，便让太子判决，这样法官们便可免去担责风险，反正重罪轻判是太子的决定，谁要是问责就去问责太子。谁敢去跟太子较这个真呢？

更何况，那时候的法律并不公平，很多百姓因为没粮食，想方设法偷点吃的便被课以重罪。所以萧统这里的重罪轻判，不能看作是破坏法治。如果法本身就是恶法，任何人都有权力和义务反抗它，改变它。

萧统判案这个时期，是天监十一年到十五年之间，这一时期的南梁法律，存在着严重偏袒官员贵族、欺压平民百姓的不良现象。当时的法制现状是这样的："上敦睦九族，优借朝士，有犯罪者，皆屈法申之。百姓有罪，则案之如法，其缘坐则老幼不免，一人逃亡，举家质作。"萧衍对于萧姓皇族十分亲密和睦，皇族犯法，不会与庶民同罪，处罚的板子高高举起，轻轻落下，挠痒几下，罚酒三杯，表面糊弄一下就过去了，所以南梁的皇族最为猖狂，要不怎么萧宏连皇帝哥哥都敢行刺呢？因为他知道，即使没把哥哥刺死，自己也不会死；如果把哥哥刺死了，自己就更不会死了。这种司法环境下，谁不想去犯罪一下？

除了袒护亲族，萧衍还优先关照朝廷官员。官员犯罪了，作为皇帝，他不是责备官员知法犯法，而是每次都想方设法、巧舌如簧地曲解法律，帮助犯罪官员开脱罪责，使他们免于或减轻处罚。

可要是普通老百姓犯罪，那就惨了，立刻从严、从重、从快打击，而且还实行连坐。假如有一个人因抗拒不公的法律而逃跑了，那他全家都跟着倒霉，不论男女老幼，全部都要抓起来投进监牢。

对这种松、严极不对等的法律，天下民愤汹汹，以至于有一次萧衍在建康城外郊祀时，被一位老农挡住车驾警告说："陛下为法，急于庶民，缓于权贵，非长久之道。"这位农民老爷爷真是厉害，居然有办法、有胆量成功跪到当朝皇帝的车驾前，而且话也说得毫不留情面：帝国制定的法律，对平民如此严苛，对权贵却万事包容，这不是长久的治国之道。

好在那时候开国不久，萧衍还没有进入昏聩期，真就听进去了。农民爷爷的这个警告性建议，让萧衍深有感触，于是他放宽了一些法律条款，让百姓休养生息。

萧统从小就体现出跟他父亲不一样的执政思想，主张宽以待民，每次轻判罪犯就是他小小的执政思路预演。

别以为萧统完全是无原则地宽容罪犯，他虽然年纪小，但思路清晰得很，善恶美丑分得清清楚楚。有一次建康县令判决一件诬告案时，特邀萧统参加。县令知道萧统提倡轻判，便将那个诬告别人拐卖人口的犯人判处杖四十，打四十板子走人。

但县令万万没想到，这次太子却破天荒地批评他判决太轻。萧统推翻了县令的判决结果，气愤地斥责那个诬告者说，如果被诬者真的被冤定为拐卖人口，那他的全家都要受到连坐被诛杀。萧统认为这种欲置人于死地的血口喷人行为非常可恶，必须予以严惩，即使不按照他诬告别人的拐卖人口罪将他处死，也不能便宜轻罚他，最后判处他十年有期徒刑。

由此可见，萧统年龄虽小，但是非分明，讲究善恶，并不是一味地为追求轻判当事人而纵容恶徒。

纵观萧统的一生，“仁”字贯穿始终。可能是因为这个南梁第一太子小时候接受的都是高档次的儒学教育，特别仁义善良，遇事处处为别人着想，从来不依仗自己一人之下、万人之上的太子身份而颐指气使、唯我独尊，对他人总是抱有最大的善意和爱护之心。

他有一次看见负责自己出行安全的警卫手里拿着粗大结实的荆条棍，便问是干什么用的。警卫说是太子出行时用来清道驱赶人群的。萧统听后，觉得使用那么粗大的荆条棍驱赶百姓不妥，真打到人的话大概会很疼，“太子恐复致痛，使捉手板代之”。为了避免给他人带来身体上的痛苦和伤害，萧统要求东宫安保人员不得使用荆条棍，转而用宽大的手板代替。板状的棍棒由于面积宽大，即使使劲儿打在人的身上也不会太疼，两全其美。

萧统在吃饭时多次发现饭菜里有苍蝇和虫子，这么恶心的事情他一次都没有发火，每次都是悄悄把虫子从饭菜里挑出来放到一边。他这么做的原因是很多人想象不到的，“恐厨人获罪，不令人知”。他没有发飙，没有把碗砸掉，没有将桌子掀翻，是因为担心这件事情公开后，为他做饭的厨师会因此被朝廷处罚定罪。为了不让厨师去坐牢，萧统没有对任何人说起这件事。

不过这种仁慈到近乎丧失原则的做法不值得提倡。厨师没有尽到自己基本的工作职责，应该将这件事情曝光，让缺乏职业道德的厨师接受应该有的惩罚才对，省得动不动就吃一顿苍蝇蛋白粥。但萧统就是这样一个博爱、仁义到骨子里的年轻人。

萧衍执政的普通年间，由于跟北魏频繁交战，建康米价飞涨，好多人吃饭都成了问题。萧统自己首先过紧日子，他下令供应机关减少给自己的配给，每天饮食减量，限制饭菜数量，避免浪费。

与此同时，他把更多的心思放在食不果腹、衣不蔽体的贫苦百姓身上，“每霖雨积雪，遣腹心左右，周行闾巷，视贫困家及有流离道路，以米密加振赐”。每次出现长时间的降雨和大雪天气，萧统都会派自己身边信得过的手下到大街小巷去巡视察看民情，看到贫困家庭和在路旁流浪的无家可归人员，便马上向他们赠送大米。而且送给他们大米的时候，全是私下悄悄地给，没有大张旗鼓地宣传，也没有生怕别人不知道似的大声告诉受惠者，这些米都是太子赏赐的。

这才是真正地做慈善，完全无条件地施与，大爱无声，不求扬名，不要任何形式的回报。那些给孤寡老人和贫困学生捐赠几百块钱还带着记者去公开报道的所谓慈善，只是一种伤人自尊的伪慈善而已。

萧统在帮济贫民时，一直都是以无名英雄的名义。他每年都会从宫廷内库领出一大批绢帛，赶在天冷之前制作出几千件衣裤，“冬月以施寒者，不令人知”。真是名副其实的“送温暖工程”，几千件衣服在天寒地冻的时候送给那些缺乏御寒衣物的穷苦百姓。如果办丧事的人家无钱收殓死者，萧统则出钱购买棺木施舍给他们，让死者尽快入土为安。

这么多善事虽然表明了太子萧统的仁厚和爱心，但也从另一个侧面暴露了皇帝萧衍的治国短板，治下人民穷苦者依然很多，国家基础依然薄弱，连局部的自然灾害都难以承受。

萧统不仅性子仁厚，而且孝心诚笃，他对父亲、母亲一样十分尊敬和孝顺。每次入朝拜见父亲时，“未五鼓便守城门开”，还没敲五更，也就是天还没亮，他就郑重其事地到达皇城城门边了。城门得到天亮才能打开，他也不向城门官吆喝，自己安安静静、老老实实地守在边上排队等候开门。

如果是夜里接到父皇第二天要召见他的圣旨，那当天晚上肯定是不睡觉了，老早就把朝服整整齐齐地穿在身上，在家里坐等到天明。天刚亮，他准保第一个到宫门口报到。

看萧统的传记，会让人觉得这个人简直完美无缺，一尘不染，生活中慎独磊落，道德上无懈可击，跟他父亲萧衍相比，很明显的不是同一类人，父子性格反差极大，这可能就是最终造成萧衍对他产生不满和戒心的深层原因之一。

梁武帝普通七年（公元526年）十一月，丁贵嫔生病，而且不是普通的感冒咳嗽那种小病。母亲病重，最急最难过的是萧统。他“朝夕侍疾，衣不解带”，从早到晚都待在母亲居住的永福宫服侍她，晚上从来没有过完整的睡眠时间，偶尔躺下来也是和衣而卧，以便一有情况就能以最快的速度起床。

但可惜的是，才四十二岁的丁贵嫔病后不久就去世了。丁贵嫔的去世，几乎让萧统难过得万念俱灰，并由此引发了萧衍、萧统这对父子间唯一的，也是最严重的一次摩擦与不快。

跟母亲感情很深的萧统，自母亲死后，便感觉世界崩塌了一般，悲伤难过到了一种什么程度呢？“水浆不入口，每哭则恸绝。”自打丁贵嫔入殓以后，好几天时间，萧统没吃过一顿饭，没喝过一口水。守孝期间每次痛哭的时候，都会因情绪过度激动而昏厥过去。

萧衍怕儿子这样难过又不吃饭，身体会出问题，便劝他注意身体，说如果你把身体弄坏了，到时候自己生病倒下而无力再操办丧事，那才是最大的不孝。而且萧衍心里似乎有点小不开心，觉得萧统有些忽视他这个父亲的存在。“有我在，那得自毁如此！可即强进饮食。”萧衍的这句话，本意是心疼儿子，叫儿子赶快吃东西。但在字里行间满满的父爱里，也很明显地透露出一丝不易觉察的“醋意”：你妈死了，你爸还在呢！你哪能这样不计后果地糟蹋毁伤自己的身体！看在你爸还好好的分儿上，赶快起来吃点东西吧！萧统见父亲这样说，才勉强吃了一点食物。

此后的一段日子，直到母亲正式下葬，萧统都是每天只吃一两碗稀粥充饥。一个二十五岁的青年人，每天只吃这么一丁点儿食物，减肥效果凸显，“体素壮，腰带十围，至是减削过半”。这里面的“围”是古代最常见的形容腰围粗细的词，跟咱们今天说某人腰九十公分、一米一是一回事。

至于一围到底能换算成今天的多少厘米，如今没人能说得清楚了，但从文意推断，十围腰在古代算是粗得伟岸的那种，一般人是达不到这个腰围的，像赫连勃勃、吕布、庾信、伍子胥这些历史名人都是“腰带十围”。综合分析推断，十围腰至少相当于今天男人一米二以上的腰围，而且拥有这样的腰围者必须要是大高个儿，否则这人的身材就跟水桶、麻袋似的，没法看了。

萧统这小伙子本来大高个儿，粗腰身，现在可好，瘦一半，变A4腰了。他这是真的伤到内心了，不然不会如此神形枯槁。

萧衍这时候对太子萧统的一举一动都很关注、关心，见萧统变得如此萎靡不振，他很揪心地对萧统说，我最近身体不错，没什么不舒服的地方，可你越来越消瘦却让我的胸口发闷堵得慌，请你务必尽快跟我们一样正常饮食，别让我老替你担心。

可以看出，这时候的萧衍，对太子是发自内心地关爱体贴，希望萧统身体健康、心情愉快、接受现实、节哀顺变。如果父子间一直这样感情真挚、亲密无间地发展下去，那后面很多的事情都没有机会发生。可是，历史在这里波折了一下，让这对书写历史的皇帝父子之间，因为他们共同深爱的一个女人的身后事，产生了戒备和隔阂。

丁贵嫔死后，萧统给母亲物色了一块好墓地。墓葬文化虽说是一种垃圾文化，但在中国盛行很久了，直到现在，很多人仍然迷信所谓的风水，认为先人的埋葬地点会影响自己和后人的幸福。虽然这种无稽之谈在现代科学常识面前荒谬得不值一驳，但南朝的时候还没有科学的概念，他们深信风水情有可原。

萧统也给母亲找了个风水好的墓地，都开始清除杂草和平整土地了，只等着这些基础工作结束后就能进行陵墓建筑了。就是在这时候，有一个人想把自己家的一块地卖给朝廷，作为丁贵嫔的墓地。这个人姓甚名谁不知道，史籍上没有留下他的名字，只是说这人跟阉人俞三副很熟。

阉人就是俗称的太监。不过那时候他们还不叫太监，太监成为特指词语是明朝以后的事情。这类无法区分性别的人先后有很多种称呼，寺人、内官、内侍、宦官、中官……曾经代表电子科技高点的北京中关村在清朝的时候就叫“中官村”，是宫里太监的专用墓地，好多太监死后都埋在那里。新中国成立以后那里成了有关政府机构的办公地，因嫌“中官”名字不吉利不好听，便将“中官村”改成了今天全国人民都十分熟悉的“中关村”。

那个卖地人知道俞三副在皇帝身边混得不错，就跟俞三副说，如果你能把我这块地以三百万的价格卖给朝廷，我就付给你一百万作为酬谢，自己只拿两百万卖地款。俞三副一听有这么高的回扣，来劲儿了，真的跑到萧衍那里搞起了土地营销。为了能顺利拿到百万提成，他鼓动如簧巧舌，极力向萧衍推荐自己的利益地块，说那块地有乾坤之象，虎踞龙盘，旺阳旺寿，而太子选中的那块地，很不吉利，将会对皇帝和朝廷产生不利影响。

尽管萧衍已是七老八十一大把年纪的人了，但他的权力瘾还大得很，霸着皇位不愿哪怕是提早一天传给风华正茂的太子。因担心太子利用墓地做文章，他接受了俞三副的推荐，爽快地用三百万买下了地。

父亲要这样做，萧统没有办法，只好把老妈安葬在指定购买的那块高价地上。丧事完毕之后，有个道士跟萧统说，丁贵嫔的墓地风水不好，如果不马上采取补救措施，将会对萧统的太子地位产生不利影响。萧统本来就对指定的这块墓地不满意，见道士这么说，便向道士打听怎么个补救法。

其实哪有什么补救办法，那时候萧统政治地位很稳固，道士无非也是想搞个政治投机，通过故弄玄虚博取未来天子的好感罢了。至于这类问题的所谓补救方法，其实就是三个字：埋埋埋。各个朝代都是一样的，大家可以脑补一下历史上发生的所有类似事件，是不是都是各种埋？埋木偶、埋陶俑、埋画像、埋生活用品……最后事发，好多人都把自己给埋进去了。

道士在萧统面前一本正经地胡说八道了一番，说把蜡鹅等物品埋进墓地一侧，就可以化解不利于长子的风水。萧统如法照做，叫东宫亲信人员趁着月黑风高夜偷偷在墓地旁埋埋埋了一番。其实这种埋相当于埋炸弹，总会有爆炸的那一天。

厌胜是历朝历代当权者都极为忌讳、害怕、讨厌的行为，一旦被发现，都是血溅皇宫的惨烈结果。正因为后果如此严重，汉朝的江充才敢在太子头上动土，诬告汉武帝刘彻的太子刘据行巫蛊之术，最后使本来可以按部就班成为大汉天子的刘据，真的因此而死。

同样作为太子的萧统虽然没有因这次厌胜事件而产生生命危险，但由此事件引发出的南梁帝国的深层矛盾，无可避免地波及了国家走向，产生了比个人失去生命更为可怕的连锁负面影响。

导致厌胜事发是东宫的官员，准确地说是萧统自己身边的亲信，导火索是羡慕嫉妒恨。萧统原本特别信任鲍邈之和魏雅两位东宫官员，两人都是太子的心腹。鲍邈之、魏雅以前都跟太子萧统很亲密，可随着时间的推移，萧统渐渐疏远了鲍邈之，单把魏雅一个人当成心腹。

失宠后的鲍邈之心理不平衡，便生出了报复的想法。他秘密向梁武帝告发说："雅为太子厌祷。"严格地讲，鲍邈之这不是告密，而是诬告。因为他向皇帝所说的根本不是事实，是添油加醋地瞎编，明明是不含恶意的厌胜1.0版本，被他添油加醋成篡权夺位的8.0高级版。萧统当初埋蜡鹅的初衷只是为了保护自己、祝福自己，而经过鲍邈之的嘴巴转换之后，就变成了魏雅和太子互相勾结，在丁贵嫔墓地里埋下厌胜之物，恶毒诅咒皇上，希望皇上早死，太子好登基继位。

萧衍接到鲍邈之的举报后，立即进行真伪验证。跟当初萧统偷偷派人到墓地埋蜡鹅一样，他也偷偷派人到墓地去挖蜡鹅，看鲍邈之说的是否属实。没想到一挖一个准，真的如鲍邈之所言，挖出了蜡鹅等一大堆东西。

萧衍彻底相信了这个举报，根本没想到其实真相并非如此，更没想到他所看到的唯一的罪证蜡鹅只是此案唯一真实的东西，其他的情节全是编剧鲍邈之的原创作品。

这事让他暴跳如雷，对太子的生气、失望、愤恨的情绪无以复加，他决定严厉追究此事，挖出东宫集团所有意图颠覆自己皇位的野心家。幸亏徐勉紧急出面劝住了他，说这并不是原则大事，如果大张旗鼓追究，会动摇太子的地位，引起国内局势的混乱。如果萧衍没有接受徐勉的劝阻，无数人将会在各怀心事以及屈打成招的情况下，"供述"出太子及其亲信谋反的证据，那样，刘据太子的冤案将会重演。

不过萧衍这次虽然在大儿子面前及时刹车了，只杀了那个风水道士一人，但他因为这事对萧统降低了信任，并出了之前从来没有过的提防之心，父子间难以修补的裂痕出现了。

萧衍这个人到晚年时，真是要多糊涂有多糊涂。萧统，那么仁孝厚德的一个人，怎么可能会做出诅咒自己父亲早死的忤逆之事？他自己养了二十多年的亲儿子具体是什么品德，他不知道？

就帝皇时代而言，太子人数至少比皇帝人数多一倍，而萧统在中国历史上的所有太子中，品德和学识都是名列前茅的，如果他当了皇帝，谥号绝对应该是“梁仁宗”，只有他能配得起这个“仁”字。

萧统成年的时代，南梁国上层贵族的生活奢靡成风，“朱门酒肉臭”的现象比比皆是，但萧统却始终保持清淡做人的作风，颇有出淤泥而不染的与众不同，“服御朴素，身衣浣衣，膳不兼肉”。他穿着特别简单，身上的衣服洗了又洗，代步的座驾也非名车宝马，每顿饭只有一个荤菜。

最难能可贵的是，作为一个十分有权势的年轻小伙，他醉心于山水美景，痴迷于文学创作，专注于济危帮困，对女色享乐却从不上心。

萧统唯一称得上奢侈的地方，大概就是自己的封地庄园了。他把庄园建成了有山有水、有亭有阁、鸟语花香的私家花园，把这里当成了和一帮意气相投的文友游览赏景的好去处，经常和他们泛舟水上，饱览湖光山色，彼此诗赋唱和，优哉游哉，其乐融融。

有一次泛舟湖上时，有个叫侯轨的文人看到园中美不胜收的景色，脱口而出：“此中宜奏女乐！”侯轨觉得这美景当中，如果再有一帮美女在岸上弹奏着美妙的音乐，那就是神仙享受了。

萧统是能实现侯轨所渴望的这种养眼悦耳的花式场景的，在他十来岁的时候，萧衍就赏赐给他太乐女妓一部，就是一个完整的美女乐队，站着吹的，坐着弹的，管乐弦乐全都有，但萧统不好声色，根本没把心思放在这些美女音乐家身上。

面对侯轨的建议，萧统没有生气，没有责备，也没有正面回答他，而是以左思的“何必丝与竹，山水有清音”诗句婉转作答，既表明了自己的态度，也避免了侯轨的尴尬。

无论从哪个方面看，萧统都是一个如假包换的好人。作为父亲，萧衍不该不假思索、一根筋地相信萧统是个卑劣不孝的恶子，这让老实巴交，且一向以孝为天的萧统背上了严重的包袱，心理阴影面积有点大，“由是太子终身惭愤，不能自明”。萧统这个人性格过于保守，对于蜡鹅事件，他始终没去向父亲解释辩白，也从来没想过就此事跟父皇沟通一下，消除误会，积极改变父皇对自己的看法。明知道自己背了黑锅，还不声不响地一直背着，导致终身悲愤，懊恼、自责、害怕、担心等多种不良情绪长久左右着他，心理方面产生了忧郁倾向。

蜡鹅事件后不到两年，三十一岁的萧统就郁郁而终。他的死应该是多种不利因素累加至一起爆发后的结果，长期积郁，担惊受怕，还有受伤生病等原因。

中大通三年（公元531年）三月的一天，萧统饶有兴致地乘船到宫内湖泊中赏荷散心，采摘莲蓬。那天天气很好，宫女们荡开双桨，小船儿推开波浪，本来应该是迎面吹来凉爽的风，但事实却是灌了一肚子水。由于宫女划船不慎，把船弄翻了，萧统落入水中。

游泳在古代是下等人才会的技能，士大夫全是旱鸭子，掉进水里就是秤砣。萧统咕嘟咕嘟呛了许多水后，才被宫女们拼死救上岸，但在落水及营救过程中，他的大腿受伤。至于萧统在这次水上交通事故中到底是怎么受伤的，是皮肉撕裂还是腿骨骨折，不知道，史料上只字未提。但从史料的文字记述间推断，应该是伤得蛮重的，“因动股，恐贻帝忧，深诫不言，以寝疾闻”。

在大腿受伤以后，因担心父亲忧虑，萧统向身边人员下达了封口令，严厉要求他们不得把自己受伤的消息报告给皇帝，只向皇帝汇报说自己偶然生病在家休养。这段文字其实透露出了一个事实，就是萧统伤情很重，重到不能正常行走，只能歇息养伤。根据萧统的性格，如果能勉强行走的话，他是不会这样让自己放假的，更不会向父亲报告自己病了的消息，但这次不报告不行呀，毕竟自己确实不能上朝，不能行动自如地去见父亲，瞒不住。

这样一分析的话，萧统这次极有可能是大腿严重骨折，即便不是骨折，大腿上也必定有肌肉撕裂的大伤口。那时候没有抗生素类药物，这样的病情很容易引起细菌感染导致高烧死亡。

萧衍收到太子生病的书面奏报后，也没怎么当一回事，人吃五谷杂粮，感个冒啊，生个病呀，都是正常现象。他想着休息几天也就好了吧，虽然如此，作为父亲，他还是表示了重视与关心，派御医到东宫看病。

之后的一段时间，萧衍又多次派人前来慰问探视，了解病情。每次遇到宫里来人，萧统都强打精神，遇到父亲给自己问候平安或者要他对相关问题做出回答时，萧统都坚持自己亲笔书写，然后让宫使带给父亲，故意向父亲表明自己身体恢复得还不错，能挥洒自如地写字思考。其实那个时候，他已经没有力气写字、思考、汇报了，强撑着而已。

治疗了半个月之后，萧统的病情非但不见好转，反而变得越来越严重，按照现代医学经验推测，这时候的病人萧统，应当是经常处在高烧头痛、代谢紊乱的状态了。太子身边的工作人员见事态严重，要向皇帝萧衍报告真实情况，萧统再次制止了他们。他制止的理由还是不想让父亲担心，“云何令至尊知我如此恶”。既然已经病成这样了，为什么要让圣上知道我病得这么严重呢？说着说着，他自己竟呜咽着痛哭起来。大概是感觉到自己时日无多了，满腹委屈无人知吧。

在病危的时候还全心全意替父亲考虑的这么一个忠孝两全的儿子面前，本应形象高大的父亲萧衍，似乎显得渺小了些。此后，萧统的病情继续恶化。没想到一次平常的乘船游玩，竟成了他人生的泰坦尼克号，生命因此而永远沉没。

游船落水后不到一个月，萧统病危，突然人事不省，他的手下再也不敢隐瞒实情，马上进宫如实向皇帝汇报。萧衍得知消息后，立刻赶到东宫，但父子俩没有见到最后一面，等萧衍到达时，萧统已经去世了。

看着从小带大的儿子的遗体，萧衍放声大哭。不少人说萧衍的哭声里蕴含着对太子的愧疚与后悔之情。其实这是想多了，萧衍这时候的痛哭，只是父亲失去儿子时正常的情感流露，皇帝即使儿子再多，白发人送黑发人的悲伤总是有的，更何况这是他的第一个儿子。三十年的亲密相处，如今天人永隔，过往的亲情细节涌上心头，情之所至，泪如泉涌，是正常反应。从他后来重新册立太子的事件看，他对萧统的死亡并没有愧悔之情，不然不会舍弃萧统的儿子而去另立别人。

由于萧统一直对外隐瞒病情，他的死讯公布后，引起了巨大反响，无论是朝廷大臣还是民间百姓，都感到惊愕与惋惜，“朝野惋愕，建康男女，奔走宫门，号泣满路”。都城建康的市民，无论男女全跑向皇宫门口，道路上一片悲伤哭泣之声。

这是最真实的民心民情反应，所谓金杯银杯不如老百姓的口碑，说的就是这种情况。群众的悲伤和痛苦都是自发的，不是人为组织的假悲假哭。那时候政治人物的好坏，完全靠口口相传，所以，民众的反应是检验一名官员好坏的重要参考指标，这个无法作假。所以，萧统是一个好太子、一位好官员这一点是毫无争议的。

萧衍对萧统的品行才学也是持认可态度的，下诏特批萧统可以穿着帝王的礼服下葬。因为遇到了一个超级长寿的皇帝父亲，萧统当了三十年的太子，生前没能等着皇位，死后倒是穿上了只有皇帝才能穿戴的专属衣帽，可惜他已经不知道了。

根据萧统生前的综合表现，萧衍给他的谥号是“昭明”。“昭”和“明”在古代谥法中都是很高大上的褒义：圣闻周达曰昭、容仪恭美曰昭、昭德有劳曰昭、照临四方曰明、谮诉不行曰明……所以萧统在历史上被称为“昭明太子”。因为没有做过皇帝，只能称呼为太子。就好比萧赜的那个同样早死的太子萧长懋，他的谥号是“文惠”，所以史称“文惠太子”。

同样是太子，文惠太子的知名度根本无法跟昭明太子相比，两人的名气简直一个是光芒耀眼的巨星，一个是寂寂无闻的素人。同样都是早早就离开世界没能当上皇帝的太子，为什么两者的差别那么大呢？原因在于生前成就的不同。昭明太子萧统的文化成就影响深远，他主编的《昭明文选》是中国文学的先驱作品，从遥远的南朝向千万年之后的华夏子孙，发出了经久不息、永不消逝的文化召唤。

萧统是一个标准的文人骚客，有着深厚的人文情怀和文化理想。他将当时的所有文学名家都聚集到了东宫，形成了一个文学社团，经常和他们谈古论今，研讨经典。

萧统特别喜爱看书，他藏书三万卷，是南梁拥有藏书最多的人。排在第二位的是沈约，沈约家里有两万卷藏书。果然是读书破万卷，下笔如有神，怪不得他们的文章写得那么好。

萧统团结了一大帮文人之后，便组织他们编辑各种图书集，这些书后来好多都失传了，《昭明文选》比较幸运，被保存了下来。从书名可以看出来，《昭明文选》不是原创作品，而是文学选集，跟现在的各种小说选粹、散文选粹形式差不多，即把写得精彩生动、才气俱佳的文学作品挑选出来，汇集到一本书中。因为这本书是昭明太子主编的，所以被后人叫作《昭明文选》。

单纯只对历史感兴趣的朋友，可能对《昭明文选》不太感兴趣，但《昭明文选》是应该，甚至必须了解，并应该点赞的古代经典著作。它的意义在于它的开创性，如果用现在的词语讲，就是创新意识很强，别人没有干、不会干、干不来的事情，昭明太子开天辟地地干成了，所以他和他的作品都万古流芳。

《昭明文选》是我国第一部文学总集，书中收录了先秦至南朝梁以前的一百三十多位作者的七百多篇诗文。这么说，大家可能觉得像考试题中的名词解释，那就单独抠出其中一个最核心的字眼说说：文学总集。

《昭明文选》开创性的特点在于它选录作品时所坚持的文学性，这种编纂理念在以前的中国文化界是从未有过的。之前的大型图书集都是类似于《吕氏春秋》那种，各种体裁样式大杂烩一锅炖，一部书里，内容包罗万象，哲思、文艺、论辩，甚至寓言，都有，百科全书式的。萧统却独辟蹊径，抛弃了以往的流行样式，在自己主编的书系里，强调以“文学性”为唯一选稿思路。也就是说，只看文章才情，不看作者是谁、主题是什么。只有辞藻精巧、才情洋溢、文思斐然的作品才有入选资格。

孔子的名气大吧？说的话有哲理吧？为什么不把他的“学而时习之，不亦说乎？有朋自远方来，不亦乐乎？”选进《昭明文选》中？不行，因为这是语录体，虽然言辞练达，但并不具有文学性；庄子的《逍遥游》厉害吧？滔滔不绝，深邃万端，看完后都想直接飞天宇宙九万里了。但这是哲学家喜欢的作品，《昭明文选》同样不录。

它选录的都是怎样的作品呢？像曹操的“对酒当歌，人生几何？”“何以解忧？唯有杜康”这样的；像左思“郁郁涧底松，离离山上苗”“功成不受爵，长揖归田庐”这样的。还有像我们现在见到的司马相如的《长门赋》以及《古诗十九首》这类脍炙人口的作品，最早的出处都是《昭明文选》。换句话说，就是如果不是《昭明文选》将《长门赋》和《古诗十九首》选录进书中，这两种文化经典很可能就失传了。

中国古代文化经典太多太多了，几千年的汉字书写史，得产生多少文学性的作品？但我们今天能见到的只是极少一部分，大部分都散佚了，因为战乱，因为火灾，因为统治者的人为破坏，浩如瀚海的古籍都化作了烟尘一缕。从这个意义上说，《昭明文选》抢救性地留下了许多濒临失传的宝贵作品，这是它的伟大成就之一。

《昭明文选》的成就还有很多，它第一次在选集中系统地划分了文学与非文学的界限，改变了先古以来文史哲不分的现象，使文学与非文学作品各归各家，具有极为重要的继往开来的意义，对中国文化的传承与发展起到了深远影响，深度滋养了中国文学，连李白、杜甫这样的文化巨匠，都是读着《昭明文选》长大的。

因为这本书在选材、篇章、文字、语言、才情等方面都精致上乘，所以成了后世的文学经典教科书，尤其是唐朝以后的文人，更是将《昭明文选》视为学习文学、培养才华的首选教材。杜甫就曾谆谆教导自己的小儿子杜宗武务必要“熟精文选理”，透彻地学习并掌握《昭明文选》里所有作品的精髓，写出优美诗篇，将杜家的诗歌事业发扬光大。

到宋朝时，《昭明文选》同样是众多学子必读的一本指定书，民间甚至出现了“文选烂，秀才半”的谚语，只要把《昭明文选》里面的文章诗赋读懂读透，就相当于半个秀才的水平了。大概很少有一本书能这样深刻影响中国的文化了。

宋朝理学领袖朱熹在点评《昭明文选》对唐诗的影响时曾这样说过：“李太白始终学《选》诗，所以好。杜子美诗好者，亦多是效《选》诗。”朱熹认为，唐朝两个伟大的诗人李白和杜甫的诗歌创作都是在效仿《昭明文选》里的诗作。这说的确实是大实话，唐朝著名诗人的诗歌创作几乎都受到过《昭明文选》的影响和熏陶。

元稹的“曾经沧海难为水，除却巫山不是云”这一名句，很明显是化用了《昭明文选》选录的西晋陆云的“浮海难为水，游林难咨观”，只不过元稹才过陆云，创作出的诗句远胜母本而已。还有边塞诗人岑参“北风卷地白草折，胡天八月即飞雪”“将军角弓不得控，都护铁衣冷难着”的诗句，和《昭明文选》收录鲍照的“疾风冲塞起，沙砾自飘扬。马毛缩如蝟，角弓不得张”诗句是不是相似度颇高？对了，岑参先生就是活学活用了鲍前辈的诗句。

还有很多类似的例子，没法举，全写出来，可以单独出本专著了。总之，《昭明文选》对后世影响极大，以至于跟因研究《红楼梦》而形成的“红学”一样，也形成了一门“文选学”，唐朝学者李善就著有《文选注》，对《昭明文选》进行全面阐释。直到今天，依然有不少人在研究这本书。

南朝是一个非常奇特的朝代，从中国大历史的现实来看，纷乱不已的南朝只能算是一个毫不起眼的小时代，但就是这个小时代，却在很多地方实实在在影响了大中国的方方面面。

尤其是在文化方面，比如齐国的“永明体”诗歌，梁国的《昭明文选》，都是中华最灿烂文化的代表——唐诗的引路人，无数个中国人如雷贯耳的大诗人，都是站在萧子良、萧统们的肩膀上开启了自己无限华美的人生与诗章的。

南朝文化在齐国时代进入繁华，到梁国时期则达到高峰。萧氏皇族的三驾马车——萧衍和他的两个儿子萧统、萧纲擎起了彼时的文化大纛。

萧纲是萧统的弟弟，萧统死后，萧衍立他为太子，侯景之乱后，他成为梁国第二任皇帝。

萧纲也是个才子，文学创作才能在萧统之上，只不过他的诗词立意不高，多是以宫廷生活和妇女为歌咏对象，宫廷里的美女走路、吃饭、睡觉都是他乐此不疲的诗歌主题，他写的也都是《咏内人昼眠》一类的诗句：“梦笑开娇靥，眠鬟压落花。簟纹生玉腕，香汗浸红纱。”你瞧这诗写的，光看字面就有一股扑面而来的小清新，什么梦呀，娇呀，花呀，玉呀，这些字眼一出现，甭问，琼瑶的风格，纳兰容若的意境。

我给翻译一下，各位看看萧纲当时是如何细致入微、聚精会神地观察美女睡觉的。她，优雅文静地卧睡在凉席上，娇嫩光滑的面颊上现出两个梦中笑开的可爱小酒窝，发髻下轻轻压着枝头飘落的花瓣，白皙如玉的手腕上，竹席纹理的印痕隐约可见，娇艳的香汗浸湿了红色的衣衫。其实就是“一个大夏天的中午，美女穿着长衣衫在睡觉，热得一身汗，也没个电风扇吹吹”这样的一个普通场景，被萧纲的花样美笔一写，我们看到的仿佛就是一个误入凡尘的神仙姐姐在凡间小憩的唯美画面。

靠着这种细腻温润的文字，萧纲开创了一种新的诗歌流派：宫体诗。这种诗主打宫廷艳词，很适合那些吃饱了没事儿干又文思泉涌的皇宫公子哥们，这帮人消夜聚会写一首，欣赏宫女歌舞写一首，怀念初恋女友写一首……以昏庸闻名于世的南陈后主陈叔宝的《玉树后庭花》就继承了萧纲的宫体诗风格，诗中一句“妖姬脸似花含露，玉树流光照后庭”的瑰丽景致把多少人都美哭了！到唐朝的时候，宫体诗都还在流行，萧纲一不小心写成了一派祖师爷。

南梁萧家这父子三人，引领了整个南朝文化的高潮，一如建安年间的三曹父子。虽然他们的成就无法跟旷绝百代的曹操、曹植、曹丕相比，但也可以称得上是一门三杰了。如果单就文化影响力而言，萧统无疑是最大的，《昭明文选》的伟大成就，让他光昭日月，明耀时空。

第十章　抢占人妻后遗症

当年萧衍从襄阳起兵并如愿攻占建康后，不但接管了东昏侯萧宝卷的天下，还接管了萧宝卷的后宫美女。

有时候觉得，古代的这种争夺统治权的斗争，跟自然界的动物争夺交配权的斗争没什么大的区别。两只雄性老虎在领地上你死我活地撕咬，胜者不但占领原虎王的全部领地，也自然占领了这块地盘上所有的母老虎。萧衍就是那只得胜的老虎。

前面讲述过，接管萧宝卷后宫的萧衍本想留下步步生莲的潘妃，但碍于对自己的名声影响不好，不得已忍痛放弃，并赐死了她；而对于萧宝卷的第二宠妃——余妃，萧衍则在范云、王茂接二连三地苦谏之后，将她转赐给了王茂；除了潘、余二妃外，萧宝卷还很喜欢吴淑媛。能在不计其数的美女群中被皇帝看中并迷恋的女人，自是容颜靓丽。这回没人站出来继续进谏了，于是萧衍成功留下了吴淑媛。

因为萧衍的这个选择，一段让后人茶余饭后津津乐道的狗血故事诞生了。

在古代那种改朝换代模式下，前任皇帝的女人被推翻者占有属于常见现象，没有人会对此大惊小怪。女人在那时候就是物品，可以使用，可以继承，可以赠人，可以转让。萧衍作为新王朝的皇帝，看上了哪个女人，就是哪个女人改变命运的机会。吴淑媛很显然是被萧衍改变命运的女人。

和萧衍在一起后，吴淑媛生下了一个皇子。给皇帝生下一个儿子，这是多少女人梦寐以求的事情，凭着这个儿子，她就可以幸福快乐一辈子了。但是，凡事就怕但是。但是吴淑媛这个儿子出生的时间很敏感，是她跟萧衍在一起后第七个月出生的。

这就尴尬了。同居七个月就生孩子，这孩子到底是前夫的还是现任丈夫的？是萧宝卷的还是萧衍的？“十月怀胎”是一个古往今来人尽皆知的生理常识。一个小生命从受精卵开始，到成长为几斤重的胎儿，标准的时间是十个月，而吴淑媛七个月就生出了孩子，宫里所有人都在私下议论纷纷，认为这孩子不是皇帝萧衍的，而是前朝皇帝萧宝卷的遗腹子。

萧衍在这件事情上挺爷们儿的，当全世界的人都在怀疑时，只有他满不在乎，坚信这孩子是自己的骨肉，对吴淑媛娘儿俩一如既往地爱意满满，并给这个身份颇具争议的孩子取名萧综。

萧综一直是在萧衍的真心疼爱下成长的，因为“七月门”事件，其他皇子都不大待见他，都在心里认为他不是自己的亲兄弟。可能是知道这点，所以萧衍对萧综单独多了一份与众不同的关爱，两岁时就封他为豫章王，之后不断对他进行有意的历练和栽培，先后派他担任过好几个州的刺史职务。

在这种父爱如山的氛围中，萧综顺利成长为十四五岁的少年。说来奇怪，萧综在这段少年时期，晚上睡觉经常做着一个内容相同的噩梦。他总是梦见一位长得肥胖壮实的年轻男人用手提着他自己的脑袋，然后用手举着这个脑袋，上下转动着对自己左看右看上看下看，看得他汗毛直竖，从梦中吓醒。这种恐怖片似的噩梦多次出现，有时候他一睡下，那个年轻的胖子就拎着自己血淋淋的人头出现了。

这可把萧综吓坏了。他多次问他母亲这个梦是什么意思？刚开始吴淑媛啥都不说，应付他几声就糊弄过去了，可当儿子连续就同一个噩梦询问她时，她就生出对号入座的想法了，于是便向儿子打听他梦中老是出现的那个胖子的形体相貌。

当萧综详细描绘出那个梦中人的形象时，吴淑媛觉得特别像萧宝卷，而且萧宝卷当年就是被人砍下头颅而死。所以吴淑媛内心已经偏向于儿子梦中时常出现的那个死胖子就是自己的前夫萧宝卷。再加上当时她跟萧衍时间很久了，青春不再，容颜不复，萧衍对她的宠爱早已消退。虽然名义上她还是皇帝的女人，但鲜花簇拥的皇帝早已冷淡了她。

这个时候的吴淑媛，心里对萧衍有了不满情绪。面对儿子多次的追问，她终于对儿子透露了一个埋藏了十几年的秘密："汝七月生儿，安得比诸皇子。汝今太子次弟，幸保富贵勿泄。"她把萧综七个月出生的事实告诉了他，嘱咐他以后在其他皇子面前低调做人。萧综在萧衍所有儿子中排行老二，吴淑媛安慰儿子，凭着他太子二弟这个很靠前的出生排行，保住一生的荣华富贵是没有问题的。

以上的这段记载出自《南史》，这段文字是目前所有讲述萧综身份问题最直接的史籍，其他诸如《资治通鉴》《梁书》这样的权威史书，都没有在这个问题上发表细节评论，只是记述了萧综是七个月生的这样一个基本事实。所有的史籍都没有明确告知世人，萧综是萧宝卷的儿子还是萧衍的儿子。而在这个问题上最具权威认证力的吴淑媛，也没有肯定地告诉儿子究竟谁才是他的生父。

关于萧综的生父，现在已成为一个永久的谜团，每个人都只能靠猜测和推理来判断自己的答案归属。要说是萧衍的儿子吧，怀孕七个月就生了，这确实早得有点过分，所以萧宝卷才是萧综生父的可能性很大。但问题是，这只是一种可能而已，并不能百分百肯定。有时候，百分之九十九的可能都可能成为不可能。万一萧综是早产生出来的呢？

现在无数的事实已经证明，七个月出生的孩子是完全可以养活的。况且古代“怀胎七月”跟今天的七个月并不是一个完全相同的概念。现在医学上对产妇的怀孕周期是按照四周为一月计算的，第四十周那天就是预产期，而四十周只有二百八十天，并不是真正意义上的十个整月。

南朝那时候并不是这种算法，他们是按照足月计时的。当时的七个月就是二百一十天，比今天满打满算的足月生产时间只少了七十天。这样一想，如果这是一次早产意外，萧综是萧衍的儿子也不是没有可能，因为这么大月份的孩子生出来，养大成人并不是高难问题。

如果吴淑媛跟随萧衍后不到半年就生孩子，那绝对可以肯定是萧宝卷的遗腹子，早产也没那么早的。而七个月的时间点，说左可以，说右也行，至于到底是左还是右，只有天知道。

这个问题确实是个难题，有时候孩子出生的时间点太模棱两可的话，连孩子的母亲都很难分别孩子到底是前任丈夫还是现任丈夫的，这样尴尬的现实，会涉及伦理问题和孩子的成长环境问题。

日本注意到了这个问题，所以他们的法律很早就对这种情况进行提前干预。在中国，如果一对夫妻离婚了，男女双方都可以前一秒在婚姻登记机关离婚，下一秒就跟另一个人登记结婚，只要是双方自愿的，法律不对此进行限制。但在日本就不行。日本一对夫妻要是离婚了，男方可以立即与别的女人结婚，女方则不行，至少要等到半年以后才能跟别的男人结婚，否则婚姻无效且违法。

他们这样限制女性再婚时间的目的，就是为了防止“萧综”式孩子的出现。而且日本的民法明确规定，夫妻离婚后三百天内出生的孩子，自然推定为前夫的孩子，前夫必须支付孩子的抚养费。这种规定是有科学道理的。因为即便女方在离婚当天就跟别的男人同居受孕，她也不可能在三百天内就生出孩子，所以这个时间节点内出生的孩子，必须是前夫的。

不过由于女性觉得这项规定不够公平，2016年日本将限制女性的再婚时间由半年缩短为一百天。这个规定虽然仍有可取之处，但其实也是可以完全取消的。现在的DNA检测技术太方便了，要想知道孩子是不是自己的，不要说验血了，就是拽根头发也可以化验比对得万无一失了。

近年来兴起的DNA检测让很多过去无解的遗传难题变得根本不算问题，通过对一滴血、一口唾沫、一片皮屑、一根头发的化验，几乎可以完全无误地证明父子间的血缘关系，弄得现在好多DNA检测机构生意火爆得不行，据说不少男人都瞒着老婆，偷偷带着孩子去这类检测机构去化验，以确定孩子是自己亲生的。

萧综当年就跟那些偷偷摸摸去搞检测的父亲们一样，也偷偷摸摸地去搞检测，所不同的是，人家是检测自己到底是不是亲爸爸，他检测的是自己到底是不是亲儿子。当然，萧综那时还没有万能的DNA检测技术，这种准确率奇高的检测技术发明出来还不到四十年。萧综采用的检测法是江湖上广为流传的滴血认亲法。

滴血认亲是中国古代进行亲子鉴定的最常用办法，分为两种，一种是滴骨法，一种是合血法。合血法就是现场把大人和小孩的手刺破，将两人的血滴入清水中。如果两个人的血在水中互相凝合，那两人就具有血缘关系；如果血液不能很好地融合，那孩子就不是自己亲生的，是别的男人给帮的忙。

这种方法在古代长期被运用到司法实践中，也不知道冤枉了多少人，让数不清的男人头上无辜地多了一顶绿莹莹的帽子，让数不清的孩子背负着歧视和耻辱委屈地长大。现在谁都知道这种滴血认亲没有任何科学根据，但那时候却被奉为圭臬。

为了弄清自己到底是不是萧宝卷的儿子，萧综决定实施自己的“滴滴滴”行动。可萧宝卷死了好多年了，连骨头都烂了，哪来的血呢？没有血不要紧，有骨头也行。合血法是针对活体的，滴骨法则是针对死人验证的。

约八百年前的南宋破案专家宋慈在自己的著作《洗冤集录》中详细记录了

这种当年最先进的破案法:“谓如某甲是父或母，有骸骨在，某乙来认亲生男或女，何以验之？试令某乙就身刺一两点血，滴骸骨上，是亲生，则血沁入骨内，否则不入。”说是假如一个人死亡多年了，突然有人找来说自己是死者的子女。怎么办呢？拿骨头来！把死者骨头挖出一块来，再把上门认亲者的血刺出一两滴，将血滴在骸骨上。如果血能渗进骨头里，那么就代表双方有血缘关系，是亲生子女；反之，即判定为假冒。

宋慈的《洗冤集录》是世界上第一部系统的法医学专著，他所在的时代距萧综生活的南梁相隔着七百年左右，可见滴血认亲的方法在中国盛行了多少年。萧综所在的那个社会，“滴骨法”的使用已经非常普遍和广泛了。看到这里，是不是有些朋友心里提前在打鼓了呢？萧综要滴骨验亲，他哪来的萧宝卷的骨头呢？

挖墓呀。除了这一招，没有别的办法能弄到萧宝卷的骨头，“综乃私发齐东昏墓，出其骨，沥血试之”。萧综偷偷挖开东昏侯萧宝卷的坟墓，从棺材里取出一截骨头，然后把自己的手指刺破，将血滴在骨头上，看血到底能不能渗进去。

这次滴骨实验让萧综从内心相信，自己不是萧衍的儿子，而是萧宝卷的儿子，因为他滴在骨头上的血一会儿就全部渗入了枯骨内部。多么荒唐的实验呀！骨头在地下埋了那么久，表面早已腐朽，而且布满了坑洼不平的孔隙，血滴上去，肯定会渗进去的呀，这是常识。

这个实验，其实就相当于往海绵上滴水，怎么可能会渗不下去？无论是江水、海水还是自来水，只要滴上去都会渗进海绵里的。萧综他滴的是自己的血，如果把别人的血滴在上面，同样会渗进骨头里。再退一步说，不滴血，滴眼泪、滴口水、滴汗，都同样会渗进去。

当然，也并不是所有的骨头都能让滴在上面的血液类液体渗进去，如果骨头的表面很新鲜、很完整，除非滴硫酸，不然都会淌掉，一丝一毫也渗不进骨头里去。不信大家可以拿根猪排骨试试，把排骨上的肉刮干净，然后往骨头上随便滴血还是滴水，保准滴多少淌多少，半毫升也渗不进去。

那有人要说了，不是猪亲生的，血肯定渗不进去呀。那好，你把这根骨头在土里埋上半年后再挖出来往上面滴血，保准血能渗进去。这当然不是因为猪有亲生儿子了，而是因为猪骨头的表面产生了细微气孔的缘故。可惜我说的这些不管用，古人就认定了滴血、滴骨能认亲的死理。

萧综貌似还挺具有“科学实验”的精神，他觉得自己的血虽然渗进了萧宝卷的遗骨里，但会不会是偶然因素呢？为了避免差错失误，确保认父的准确率，他打算再做一次同样的实验。

为了实验能达到百分百准确的效果，这次他不再去找萧宝卷那模棱两可的遗骨，而是决定杀死自己的一个亲生儿子，然后取儿子的骨头做实验，用这个亲父子的实验结果去印证上一个实验结果。

这个时候，萧综有个刚出生一个多月的儿子，萧综想都没想就把这个刚满月的孩子杀死了，再叫人掩埋起来，过了段时间后，他偷偷把墓挖开，取出儿子的骨头，把自己的血滴在骨头上。结果，血再一次全部渗进骨头里。这次滴骨认子之后，比照上次相同的实验结果，萧综彻底相信萧宝卷就是自己的亲生父亲，从此把萧衍视为杀父仇人。

萧综的这种滴骨认亲行为，荒唐、残忍、变态，突破了人类的基本底线，正常人是干不出来这种事情的。人说虎毒还不食子呢，自己的亲儿子，才那么小，说杀就杀了，就为了做个实验。这样歹毒的已身为人父的儿子，寻找父亲的意义在哪里？

至于萧综到底是不是萧宝卷的儿子，现在已经无法找到直接证据证明了，不过，世上万事万物都有规律，萧综是不是萧宝卷的儿子，是可以从其性格、行为等遗传因素方面进行大致推断的。

根据史料记载的萧综所有的举止行为来判断，这个疯子般的皇子极有可能跟萧衍没有血缘关系，而是萧宝卷的儿子。如果用概率来表示的话，我认为至少有百分之九十的概率。纵观萧综的所作所为，简直是混世魔王萧宝卷再生，他的很多日常行为都偏离了正常人的正常范畴，跟当年那个酷爱骑马乱跑、宫里开店卖货、把杀人当作取乐的变态皇帝萧宝卷高度相像，这难道不是遗传因素在里面起的作用吗？

萧综长到十六岁的时候，还经常光着身体，一丝不挂地在母亲吴淑媛面前嬉戏。十六岁的男人，已经是标准的小伙子了，而且他自己也已经结婚了，居然还能在母亲面前赤身裸体！不知道这是什么样的儿子，也不知道这是什么样的母亲。

在萧综跟吴淑媛的关系上，史书上的记载似乎暗示着一些更惊悚、更恶劣的事情："至年十五六，尚裸袒嬉戏于前，昼夜无别，内外咸有秽议。"这似乎是说这对母子之间的关系有点不清不楚的意思，宫内宫外风言风语的很多。而且吴淑媛对儿媳妇很差，是个恶婆婆，经常晚上强制将小夫妻俩分开，不让他们睡在一起，这种行为不知道是什么意图。一般情况下，婆婆巴不得儿子天天晚上跟儿媳妇在一起，多生儿子才是王道，她有点不一样。

她的儿子跟别人不一样的地方更是太多了。"常微行夜出，无有期度。"萧综在外地担任刺史时，经常在夜里私自外出，到处瞎逛，什么时候回城办公从来没个准儿，玩够了才会回城，有时候是一两天，有时候是三五天或者更久，反正是游乐最重要，工作靠边站。这种行为太熟悉了，典型的萧宝卷翻版。

萧综在处理公务时也有个怪癖，在判决诉讼案件时，他不直接跟双方当事人见面，而是叫人在公堂上拉个帘子，自己坐在帘子后面问话判案，不让别人看见自己。正式出行时，车子四面也都被特意悬挂的幕布遮挡得严严实实，说是不喜欢让别人看到他的模样。

在家里宅着的时候萧综也是行为奇特。他通常不分白天黑夜地紧闭房门，自己一个人在屋子里独自哭泣。睡觉也不喜欢睡床榻上，而是将许多枯草铺在地上，然后披头散发地躺在一堆枯草上面呼呼大睡。

还有比这更出格的行为。他还时常在卧室的地上铺满沙子，自己脱掉鞋子，光脚在沙子上不停地行走，久而久之，他的脚底板上长出了一层厚厚的老茧，走起路来跟《水浒传》里的神行太保戴宗似的，脚下生风，非常迅速，“日能行三百里”。说他一天能步行三百里，这肯定是夸张，但他走路比别人快，应该是事实。想不明白他为什么要练习这么古里古怪的奇葩功夫。不过想不明白也正常，要不然他就不会跟奇葩天子萧宝卷挂上钩了。

萧综的很多行为都是不能以正常人的思维去理解的，他的传记里曾记载了这么一件事：“尝改岁后，问讯临川王宏，出至中合，登宏羊车次遗粪而出。”有一年春节，萧综去叔叔萧宏家拜年。问候、行礼、喝茶、送上礼物等一系列流程完成之后，萧综便告辞回家。快出门的时候，他看到萧宏装饰精美的私家车停在家里，便乘人不备溜到车上，在车厢里拉了一泡屎。这么恶心无礼的事情，即便是不懂事的熊孩子也干不出来，他却干得津津有味、乐此不疲。

不过萧综虽然顽劣不堪，但也并非一点长处没有。他的文学才华相当不错，诗写得婉约清新，满腔的小文艺情怀。《梁书》全文抄录了他的两首诗：《悲落叶》和《听钟鸣》。后者篇幅较长，此处省略，仅把《悲落叶》抄录到书中，供各位鉴赏：

悲落叶，连翩下重叠。落且飞，纵横去不归。

悲落叶，落叶悲。人生譬如此，零落不可持。

悲落叶，落叶何时还？夙昔共根本，无复一相关。

很难想象一个如此多愁善感的文青，竟然能眼睛眨都不眨地亲手杀死自己的儿子！有时候，文字真不可靠，“文如其人”的说法不能相信。

其实在滴骨验亲之前，萧综就已经坚定地认为自己不是萧衍的儿子，萧宝卷才是自己的亲生父亲了。确切地说，从吴淑媛告诉他七月而生的事实之后，他对皇帝萧衍便恨之入骨。

萧衍的小名叫练儿，就因为讨厌这个跟萧衍有关的“练”字，萧综在当徐州刺史时，下令将徐州城内所有的练树都拔除、砍死，在他的心里，砍死一棵练树，就是砍死一次萧衍。他在西州任职时，特地找了一间大房子，把被萧衍推翻的齐国七庙祖先的牌位放置在里面，时常祭奠，他认为这些人才是自己的祖宗。那荒诞的滴骨验亲便是发生于西州时期。

他还派人到北魏去联络萧宝寅，在给萧宝寅的书信里，亲热地称呼萧宝寅为叔叔。萧宝寅是萧宝卷的同母弟，如果萧综真是萧宝卷的儿子，那萧宝寅确实是他正宗的叔叔。

萧综早已不把萧衍看成是自己的父亲，私下便有很多对萧衍不尊敬的言语和行为，内宫嫔妃和朝外大臣都心知肚明，只有梁武帝萧衍一个人蒙在鼓里不知情，依然对萧综各种关心与优待。因为萧衍晚年刚愎自用，对臣下苛刻严厉，稍有不慎就容易被皇帝治罪，所以没有一个人敢向萧衍汇报萧综的所作所为，谁愿意没事给自己找麻烦呢?

当时的尚书仆射徐勉是萧衍最信任的大臣之一，萧综希望通过他在皇帝面前给自己说说好话，让自己出镇襄阳，去襄阳带兵主政。徐勉是政坛老杆子了，哪可能被一个小子忽悠?他早看透了萧综的心思，无非就是想利用经略边境的机会，叛变朝廷，将队伍拉到北方，投靠魏国。到时候他叛变逃跑了，自己作为推荐人，岂不是要倒大霉?所以，尽管萧综求了他好几次，但他都以各种借口推脱没答应。萧综心里这个气呀，火没地方发，便给徐勉送了一把白扇子。

他给徐勉送的扇子可不能算礼物，顶多算是一种骂人的载体。他想讽刺谩骂一番宰相徐勉，可古代的时候，骂人似乎只有一种方法，就是当面骂。不像现在，骂人的手段太多了，万里之外都能直接骂，手机短信骂，微信语音骂，邮箱写信骂，QQ留言骂，骂别人一百句然后把别人拉黑了，别人想回骂都找不着地儿。

萧综那会儿，这些骂人神器都没有啊，当面骂吧又不好意思，只好在扇子上，白纸黑字写上骂人的话，然后送给被骂者。为了出口骂人的恶气，还得破费，真划不来。萧综在白扇子上抄写了《诗经》中的《伐檀》一诗，讽刺徐勉贪污受贿。

不知道萧综这行为有没有恐吓要挟的意思在里面，言外之意是不是警告徐勉，若不答应我的请托，就去皇上那里告你贪贿？所以说萧综这人跟正常人不一样，因为正常人都知道，宰相徐勉那是有名的清官，说他贪污受贿就等于说和珅清正廉洁一样，听起来非常可笑。

现有史料证明，徐勉为官确实清清白白、一心奉公，经常为工作待在办公室几个月不回家，连他家养的好几条狗都集体不认识他了，好不容易回趟家，刚一打开门，一大群狗就龇牙咧嘴冲上来朝他狂吠，把他当成侵入家门的陌生人了。狗的嗅觉是非常灵敏的，连狗都闻不出户主身上的气味了，可见其离家有多久，回家有多罕见。

面对自己这种“狗不理”的尴尬境地，徐勉曾开玩笑地感叹道：“吾忧国忘家，乃至于此。若吾亡后，亦是传中一事。”他说自己这种竟被自家狗嫌弃的情况，便是自己为国忘家的最好证明。将来自己去世后，这个真实的生活细节会是自己传记中的好素材。徐勉知道，作为宰相，后代修史时肯定会有自己的传记。他说得很对，这一情节果然出现在《徐勉传》中，为传记增添了活色生香的一笔。

徐勉不但从来不贪污受贿，而且还经常把自己的俸禄拿出来救济别人，“勉虽居显位，不营产业，家无蓄积，俸禄分赡亲族之穷乏者”。徐勉虽然是个级别很高的大官，但他家中没有房产商铺，也没有存款积蓄，连朝廷支付给他的工资他都不存，而是将工资分发给贫穷的亲戚们。

他的部下和朋友劝他把钱存起来留给自己的子女，徐勉回答说："人遗子孙以财，我遗之以清白。"徐勉认为留给子孙巨额财富，不如留给他们清白做人的品质。他觉得，子孙如果有才华，有能力，靠自己的本事就能把生活过得很好；如果子孙不才，父辈留给他们再多的产业和钱财，最终也都会被别人抢走。

徐勉的这种教子理念非常先进，直到今天依然适用。对于一个父亲来说，给儿子才华、理想与道德，比直接给他们金钱、珠宝与房产更加有档次、有保障。当然，如果两者都能给，那自是最完美，关键是要看子女是否争气，是否拥有保住财富的本领，不然迟早会一无所有。

萧综就是属于那种什么都保不住的子女一类，他太偏执了，一心要跟帝国皇帝萧衍对着干。见徐勉那条路走不通，他不死心，想自己闯出一条路，多次向萧衍请求，希望能给他压担子、交任务，将他派到边境地区去带兵打仗，接受革命风暴的锻炼，增强保卫祖国的本领。

萧综一门心思想到跟北魏接壤的边境地区，然后轻而易举地投靠北魏，因为如果在建康或在其他中心地区，他没法穿过国境线，也没法大摇大摆地前往边境区，没理由去。

萧衍还挺感动的，心说这孩子真懂事，有理想，有抱负，有强烈的事业心，不愧是我的好儿子。感动归感动，但他不提倡儿子去行动。边疆是经常打仗的，可不是闹着玩的。刀剑无情，弓箭无眼，弄出个死伤怎么办？要死让别人的儿子去死，咱皇家的儿子可不能死。所以对于萧综的请求，他每次都是表扬一番，不准不批。

萧衍是真心实意关心儿子，爱护儿子，不让儿子去危险的地方，他哪里知道这儿子根本没把他当父亲，哪里知道他是想把边境城市当作叛逃他国的跳板。这事挺有喜感的，歪打正着阻止了一个日夜策划叛逃的卖国贼。

萧衍总是不批准的态度让萧综快绝望了，但就在他为此事劳神烦躁的绝望之际，突然柳暗花明又一村，一个突发事件给他送来了希望，让他多日的梦想变成了现实。

事情得从北魏的徐州刺史元法僧说起。元法僧，看这个姓氏就知道，他是北魏皇族身份，以前姓拓跋，后来北魏孝文帝追求汉化，将拓跋改成了元，所以在北魏，只要姓元，都跟皇帝有着千丝万缕的亲戚关系，只不过有的隔着很多代，血缘关系已经很淡很久远了。

元法僧是北魏开国皇帝拓跋珪的玄孙，到6世纪20年代时，虽然跟北魏时任皇帝的亲属关系很远了，但依然是郡王的儿子，所以在北魏朝廷还是很吃得开的，被派到重要城市徐州担任刺史。

北魏当时的朝纲混乱，皇帝是只有六岁的元诩，国家的实际控制人是他的母亲胡太后。这位胡太后是个酷爱帅哥的女人，虽然也有些智慧和手腕，但太过肆意妄为，整个大北方被她的胡乱施政搞得乌烟瘴气，有机会的话我们会在后面聊聊她。

元法僧一看朝廷这么个样子，觉得不如自己另立一个朝廷，过一把当皇帝的瘾。于是在梁国普通六年（公元525年）正月十五这天，元法僧宣布脱离北魏，建立自己的政权，定国号为“宋”，年号“天启”，立诸子为王。看这小朝廷，似乎挺像模像样的。但搞笑的是，这个朝廷存在了没几天就歇菜了。

北魏朝廷得知元法僧称帝后，立即派兵征讨徐州。元法僧看到老东家来势凶猛，料想抵挡不住，赶紧派儿子元景仲到南梁求救，说自己愿意投降，把徐州献给梁国。

萧衍听说徐州刺史要投降，高兴坏了，太可喜可贺了。自公元466年薛安都带城投降北魏后，徐州已经失守五十九年了。半个多世纪的时间里，南方政权虽然走马灯般地转换，但每一届政府都对徐州抱有想法，想把它从北魏手里夺回来，可是每次都无功而返。这一次徐州刺史竟然主动送货上门，萧衍乐得那叫一个心花怒放呀，马上表示同意，并命令梁国军队向徐州开进，接应元法僧。

元法僧到达建康后，萧衍给了他最大的优待，封他为宋王，赏赐给他住房、美女以及大量的金银绸缎，比他在北方的生活条件好很多倍。

元法僧离开徐州之后，派谁去驻守徐州呢？徐州这个地方的重要性我已多次讲过，江浙沪包邮的中心城市，这么重要的地方，派别人去镇守还真是不放心，万一他跟元法僧一样，也来个自立或者投降，那岂不是很糟糕？所以，萧衍想来想去，觉得只有派自己的亲儿子去他才放心。正好萧综一直要求去边境建功立业，就这个机会，他把萧综派到了徐州，接替元法僧担任新的徐州刺史。

离开京城，守卫边疆是萧综多年来孜孜以求的梦想，借元法僧事件，他顺利实现了这个梦想，来到梁国的北部边疆徐州。

徐州在北魏国版图中存在了近六十年，一朝突然失去，北魏当然不甘心，他们决心夺回徐州，派临淮王元彧、安丰王元延明两位郡王率领两万大军攻打徐州的州政府所在地彭城。萧综当时就在彭城办公。

徐州决战前夕的一个早晨，萧衍观察天象时发现，某些星辰有消失或移位的现象，这预示着梁国将会有军队失败、将领损失的情况发生。萧衍害怕天象对应的是自己的儿子，赶紧写了一道手诏，叫人马上送到彭城，命令萧综即刻退兵回朝。意思就是徐州咱不要了，让给城外的魏国军队吧，儿子你快回来，别跟他们打仗了。

萧衍对这个儿子真是上心到了心尖儿里，徐州、彭城，六十年一遇的大好机遇落到他身上，他竟然为了一个子虚乌有的天象而下令放弃徐州，将一大片极具战略意义的地盘拱手相让给为之厮杀多年的老对手。

因担心萧综的逃跑技巧不对，萧衍还特别在亲笔信中提醒儿子“每使居前，勿在人后”。嘱咐萧综往回逃跑时一定要积极主动，跑在部队的前面，不要落在大军的后面，落在后面被敌人追上，不是俘虏就是烈士。

多么自私的帝王啊！自己的孩子是孩子，别人家的孩子不是孩子，随便死没关系。其实战场上出现这种情况，萧综作为最高指挥官，组织保护部队有序撤退才是正确的做法，也是作为一个领导义不容辞的责任。如果一遇到危险，就想方设法让指挥官先走，那他们存在的意义是什么？只是为了享受美妙的特权？

只是令萧衍没想到的是，他对儿子的深情召唤，不但没有博得儿子的感激，反而加快促成了儿子离他而去的步伐。萧综在接到萧衍退兵回国的命令后，觉得自己再也不能耽搁投奔魏国的行动了。他认为如果自己这次回到建康，以后恐怕永远没有机会再到北方边境了，所以他做出决定，不再回梁国，抓住这个难逢的良机，圆自己投奔北方魏国的美梦。

说干就干，萧综派遣心腹密使赶赴城外的魏军大营，向元彧递交书信，表达自己投降魏国的想法。元彧看完信后一点儿也没有高兴的感觉，而是对送信的密使说，是你有神经病还是你们豫章王有神经病？仗还没打，他就要投降？以为我们是傻子是吧？

元彧的想法代表了魏军所有人的想法，他们个个惊得目瞪口呆，都在想，萧综是梁国皇帝最钟爱的二皇子，又没有受到政治迫害，为什么无缘无故要投降我们？哪有在国内没发生任何乱政的情况下，皇帝儿子里通外国的？无论那个前去送信的密使怎么解释，始终没一个人相信这事是真的。

最后元彧为了验证事情真伪，在全军征募勇士跟随梁军密使回营，当面听取萧综的意见。但没有一个人敢去彭城，都认为萧综投降是假，诓骗魏人去他的军营，然后处死是真，所以大家都不愿意去送死。推来躲去的，只有监军鹿悆硬着头皮站出来应募。鹿悆也不相信萧综的投降行为，他临行前跟元彧交代说：“或综有诚心，与之盟约；如其诈也，何惜一夫！”显然鹿悆是做好了死的准备，如果萧综确是真心归降，我就与他签订盟约；如果真是一场骗局，我这条微不足道的生命也没什么值得珍惜的。

过程无须细说，鹿悆到访期间，萧综偷偷跟他约定好了投降的时间和方法。双方皆大欢喜，魏军觉得终于可以重新夺回彭城和徐州了，萧综觉得终于可以去北魏找叔叔萧宝寅团聚了。

普通六年六月十二日晚上，萧综带着两个心腹，趁着夜色的掩护偷偷出城，三人连马都没骑，步行直奔魏军大营投降了元彧。

萧综失联了一整夜，梁军大营里没有任何一个人知道。第二天一大早，梁军才发现情况异常。天都大亮了，但统帅府后院寝室的大门依然紧闭，静悄悄的，没有一丝声响。这很不正常，以往这时候，萧综早起床办公了。

大家正在商量要不要敲门喊一下，但又怕这位性格暴躁的主帅生气责骂。一群人正在不知所措间，忽听城外魏军士兵高喊："汝豫章王昨夜已来，在我军中，汝尚何为！"梁军刚听到这话时的第一反应是谣言，是魏军故意使的迷乱军心的诡计。可当他们寻遍满城都找不着萧综的时候，他们知道这惊悚的消息是真的了。

于是，可怕的一幕出现了。萧综的突然投敌，让梁军失去了指挥中枢，部队群龙无首，各自出城奔逃。魏军趁机攻入彭城，并派部队追击溃退逃命的梁军，梁军各路军队损失惨重，百分之八十的士兵死亡，只有陈庆之的部队由于临危不乱有序撤退，没有遭受大的人员伤亡，安全完整地回到国内。

萧综这次投奔魏国是萧衍万万没想到的事，当消息传到建康时，萧衍的惊骇无以形容。他左叮右嘱让萧综在逃跑的时候要一马当先，不落人后，没想到他把这种劲头用到反方向上去了。

面对萧综的这次绝情叛逃，萧衍做出了巨大反应，下令取消萧综的皇族资格，将他从皇家宗谱上删除，表示萧氏皇族以后不再有这么一个人。萧综有一个儿子叫萧直，萧衍气得把萧直改姓为“悖”，变成“悖直”。经过这么一曲，萧衍应该是对萧综死心了吧。作为父亲，对你付出了那么多，而你却从没被感动过。不但没感动过，还向自己的政治对手“认贼作父”了。如此忤逆，肯定会被萧衍永久拉黑吧。

要是这么想就错了。对萧综、萧直的惩罚性处理还不到十天，萧衍就改变立场，重新下令恢复萧综的皇族身份，他的儿子悖直也取消了一切处分，姓氏再由“悖”改回“萧”。不仅如此，为了安慰萧直，还加封萧直为永新侯。

萧衍就是这么一个人，对自己的亲人和心腹毫无原则，经常做自己打自己脸的糗事。萧综这件事情，抛开他的生父之谜不论，单就他的叛国行为，作为一个国君，必须要给予最严肃的处罚才符合王道，才能让国人感受到法律的严肃性，如此前后矛盾，出尔反尔，处罚无规，是标准的昏君所为。

萧综反正已经到了他魂牵梦绕的魏国，管萧衍开不开除他，他先把萧衍给开除了。

一到北魏都城洛阳，他就把萧衍给自己取的，用了二十三年的名字萧综给抛弃了，改名萧赞，表明自己永远跟萧衍决裂。梁武帝萧衍的儿子名字都是绞丝旁，萧统、萧纲、萧绩、萧续，他特意去掉了绞丝旁，以示自己和萧衍子辈的不同。

北魏对萧赞的到来表示热烈欢迎，皇帝和胡太后亲自接见他，封他为丹阳王，食邑七千户，另外还赏赐他钱、绢、马、羊以及奴婢一百人。萧赞在洛阳为萧宝卷设置了灵堂，自己以儿子的身份披麻戴孝为之守灵。包括胡太后在内，北魏国所有的政府高级官员都亲赴灵堂吊唁致哀，搞得挺热闹，挺排场。

不过这么一搞，萧赞随后是要付出相当的生活代价的，因为他穿的是“五服”中最重的丧服——斩衰。按照规矩，这种孝服至少要穿三年时间，而且不光是单纯的时间长短问题，期间还有很多清规戒律。比如服丧期间，不能上班工作，不能跟女人同床，不能听音乐，不能欣赏歌舞，不能吃荤菜，不能开心大笑，有的甚至还三年不洗脸、不洗澡，总之就是要向世人表现出，我父母死了，我干什么都没心思了，吃什么都没味道了，我好痛苦啊我好难过啊……也不知道萧赞接下来的三年里有没有做到这些，史书上对他这，三年的情况也没有具体说太多，不过他在魏国的头三年也挺不顺的。

萧综，现在是萧赞了，投靠北魏刚两年，他的叔叔萧宝寅就跟元法僧一样，在长安玩起了自立称帝，号称大齐皇帝，但很快就兵败逃亡了。

叔叔造反，他这个侄子吓坏了，卷起铺盖想躲到山上去避难，但跑到半路被魏军抓住了。北魏朝廷在这件事情上还挺开明，调查后认为萧宝寅谋反跟萧赞没关系，两人没有串联策划，就把他放了，并没有搞株连。

第二年，北魏发生了震惊整个中国历史的“河阴之变”，山河由此变色，大军阀尔朱荣攫取了国家最高权力，孝庄帝元子攸登基为帝。萧赞在新朝更受重视，娶了皇帝的姐姐寿阳长公主为妻，就任齐州刺史。

北魏永安三年（公元530年），齐州民众暴乱，萧赞被迫逃亡到寺庙里出家为僧，后来又不停地辗转奔逃于各地，第二年就生病死了，终年三十一岁（一说三十岁或四十九岁）。

尽管萧赞的心里早已没有了萧衍，但萧衍却一直在心里牵挂着萧赞。叛逃事件后不久，萧衍还写了一封信，叫自己的爱将陈庆之带到洛阳送给他，希望他再回到南方梁国。为了打动萧赞，促使他回心转意，萧衍还叫吴淑媛把萧赞小时候穿的衣服拿出来带给他，向他打亲情牌。

但陈庆之并没有见到萧赞，由于形势急变，战无不胜的陈庆之遭遇滑铁卢，全军覆没，只身逃回南梁。

萧赞死后，萧衍依然没有忘记他。在大同四年（公元538年）的时候，梁朝人潜到埋葬萧赞和寿阳长公主的嵩山，挖开了萧赞的坟墓，盗出了他的遗骨并带回梁国。萧衍仍然视他为自己的儿子，把他安葬在萧氏皇家墓地里。

真不知道该怎样评价萧赞的一生。说他义无反顾地放弃优渥的皇子生活，为了和自己的“杀父仇人”一刀两断，毅然投靠北魏的行为是孝吗？可就算萧衍真的不是他亲生父亲，但吴淑媛是他的亲生母亲总没错吧？为了一个说不清道不明，且已死去多年的亡灵，把自己的母亲单独丢在南梁，导致显而易见终生不能再相见的悲伤局面，这难道不是不孝吗？

何况唯一的儿子萧直也会因此而失去父亲的关爱，作为父亲，这种不负责任的行为算什么？会给自己的儿子带来多大的伤害？所以，萧综也好，萧赞也罢，这种跑跑跑的处理方式是非常不明智的。就整个事件综合来看，跑，并不显示萧赞的崇高有节操；留，也不会表明萧综的卑劣失气节。

第十一章　千兵万马避白袍

中国历史上下几千年，内涵极度丰厚，场面精彩纷呈，随便从哪一个角度审视，从哪一条主线梳理，都找得出伟大与荣光。可以说，中国历史是一部文明进化史；可以说，中国历史是一部文化发展史；可以说，中国历史是一部经济探索史；也可以说，中国历史是一部军事斗争史。

商周以来，各朝各代就为了疆域地盘干戈四起，天子也好，皇帝也好，都是同样的路子，为了领土取舍、城池得失，一言不合就干起来。所以，三千年的河山，每一个世纪都是血红血红的。频繁的战争虽然是亿万黎民百姓的梦魇，但却在无意之中造就了数不清的战神级名将。

自春秋以来，名将辈出，他们的名字多到无法罗列：白起、王翦、卫青、霍去病、郭子仪、岳飞……这些个战场大神的名字如雷贯耳，大家都很熟悉，但囿于各种原因，并不是所有的战神都能像以上人物那样，被公众广为熟知。其实在南梁，在梁武帝时代的中后期，也曾出现过一个战神级的名将——陈庆之。

如果光看陈庆之的履历，怎么也不能把这个人跟百战百胜的旷世名将联系起来，因为他的人生在四十岁之前跟战场完全不沾边，甚至从来没踏足过战场，他人生三分之二的时间都是在棋场上度过的——专门陪萧衍下围棋。

陈庆之比萧衍小二十岁，他在幼儿时代就成了萧衍的随从，是听萧衍使唤的仆人。来，小陈，陪我杀两盘；去，小陈，给我倒杯水；哦，我出门的时候忘记带钥匙了，小陈你快回家去讨……基本就干的是这种日常琐事。那么小就出来服侍人，肯定是家里没钱没地位，也不知道他是怎么到萧衍身边的，是别人送的还是萧衍自己花钱买的？不清楚。

史书里对陈庆之的记载是从他来到萧衍身边开始，至于他以前的人生，我们无从得知。中国的历史，是帝王将相的历史。正史里记载的几乎都是有身份、有地位的人，普通民众是很难留名青史的。不过陈庆之最终依靠自己的本领才华，创造了丰功伟绩，实现了阶层跃升，成功在史书上占有了一席之地。

陈庆之最初的发迹走的是领导路线，由于长期陪领导下棋，得到了萧衍的信任和赏识。这充分说明，机会总是垂青于有特长的人。不过，当时在萧衍家里陪他下棋的随从有许多，却只有陈庆之得到了萧衍的青睐，这是为什么呢？原来陈庆之的特长在于不仅围棋下得好，而且特别能熬夜，这个熬夜特长改变了陈庆之的人生，让他在一帮随从中脱颖而出，“帝性好棋，每从夜至旦不辍，等辈皆寐，唯庆之不寝，闻呼即至，甚见亲赏”。

萧衍是个棋迷，经常从头天晚上开始下棋，一直连续不停地下到第二天早晨还意犹未尽，跟陈庆之一起随侍的那些棋手都经不住夜深劳累，昏沉沉地睡下，只有陈庆之毫无倦意，始终睁大眼睛，时刻准备着召唤，萧衍无论是凌晨几点叫他，他都能随叫随到，和萧衍对弈，让萧衍全天候、全方位地过足棋瘾。久之，他就变成了萧衍最喜欢的随从。

如果萧衍一直只是萧子良府上的文学座上客，那后来也没人知道千年之前的南朝曾经有一个叫陈庆之的人，他的长官萧衍都只会在史籍上惊鸿一瞥般一闪而过，哪还有人知道他一个仆人？但陈庆之运气好，跟对了人，后来萧衍创业成功，做了皇帝，作为最得宠的随从，陈庆之跟着萧衍从乡下来到了大城市建康。

萧衍主宰国家后，还是一如既往地天天找陈庆之陪自己下棋。当然，萧衍也很关照陈庆之，把他的身份转为国家官员，命他负责宫廷内的一些文书保管与收发工资工作，虽然职位不高，但是正式编制，拿工资，吃财政饭，属于现在好多人羡慕的那种“活少、钱多、离家近”的轻松职业。

后来，萧衍又给他授了个奉朝请的散官，这官虽然不是什么正规品官，但每年都有正式朝见皇帝的资格。穿戴好朝服，跟文武百官一起到金銮殿接受皇帝的召见，这份政治荣誉不是每个人都能得到的，作为一个陪下棋的随从，陈庆之的人生如此出人意料地低开高走，即便没有后来的巅峰成就，也算是相当成功的人生赢家了。

事实上陈庆之大概也没想到自己的人生下半场会从棋场转到战场，他很小就待在萧衍身边，一直到四十多岁，都是在兢兢业业地陪萧衍下棋。谁承想，在四十一岁那年，他的人生迎来了一次跨界发展的转机。

机会是一个外国人给的，就是那个主动投降南梁的北魏徐州刺史元法僧。确定元法僧真心投降后，萧衍指派陈庆之带领部队前去彭城开展接收工作。在此之前，陈庆之从未接触过战场，萧衍派陈庆之去干这项工作，可能是想给他一个立功的机会，因为当时徐州已经是一只煮熟的鸭子，不存在任何战争风险，派谁去接收都只会是同一种结果——圆满完成任务。应该是出于这个原因，萧衍才夹带私货，把自己的亲信派去摘桃子立功。接收徐州的任务跟萧衍所预料的一样，非常顺利，陈庆之轻而易举地从军界摘回了自己人生的第一颗大桃子。

大概连陈庆之自己都没有想到，徐州之行后，他就和军队结下了不解之缘。回朝后不久，萧衍加封他为宣猛将军，命他率兵两千，护送儿子萧综到彭城就任徐州刺史。从这次派出的护送者以及军队人数就可以看出，萧衍是不大重视这次准军事任务的。

宣猛将军，别看这名字看上去挺猛，其实是一个很低档的将军名号，杂号将军而已。跟宣猛将军同一个档次的将军名号还有武毅将军、铁骑将军、楼船将军、树功将军。古代将军名号特别多，皇帝随便想个威猛的形容词都能冠个将军名号，什么电威、驰锐、追锋，什么开远、荡虏、讨狄，都是将军名号，光是南梁国就有两百多个这样的名号，官位待遇从一品排到九品，军衔最高的是骠骑将军和车骑将军。

萧衍认为，这次护送行动跟上次接收行动一样，没有任何难度，宣猛将军带上两千人意思意思一下就行了，要是他打心里觉得此行存在一丝危险系数，以他对萧综的宠爱，不可能只派两千军队。陈庆之也是这么想的，不就是带着两千人从建康到彭城来回“驴行”一趟吗，保准跟上次一样，快去快回。

可这次两人都想错了，上次去连个敌人的影子都没看见，这次却在路上遭遇了敌人。

北魏十分在意徐州的得失，元法僧刚宣布自立，北魏的讨伐大军就尘烟滚滚地向徐州奔来。为了争取作战时间，统率部队的安丰王元延明、临淮王元彧特意派出大将邱大千率领一支精锐军士作为前锋，先期快马奔驰赶往徐州。

邱大千没有辜负两位北魏王爷的嘱托，带着军队快马加鞭来到彭城城外。他到达城下的时候，陈庆之还没到呢。邱大千一看时间挺早，元法僧也躲在城里没敢伸头，便想在城外搞个阅兵式，朝城里示个威，亮下肌肉，让城里守军害怕害怕，最好能吓得他们自动缴械投降。于是一大帮魏军在彭城不远的地方“哼哈嗨嗬”地操练起来。

正在这个时候，陈庆之带着部队来到了城下。彭城士兵没看见魏军威武雄壮的阅兵式，陈庆之跟他的士兵倒是看得清清楚楚。怎么办？瞧魏军那胳膊比咱大腿还粗的架势，是撤退逃跑呢，还是进城喊元法僧派人出来群殴对方呢？

陈庆之看见魏军后没有多想，马上下令全力冲击敌人阵地，两千人亮起家伙，潮水一般地涌向魏军。邱大千一看，怎么不按套路出牌？哪来的这么猛的南人，一句话没说就冲过来砍人？哎，哎，我一字长蛇阵、捉鳖口袋阵还没排好呢。魏军觉得自己就挺野蛮的了，没想到这次陈庆之比他们更野蛮，刚照面没搭话就拎着家伙过来拼命，魏军被打得措手不及，阵脚大乱，惨败逋逃。

彭城之战是陈庆之的处女战，他指挥的第一次战斗取得了异乎寻常的胜利，跟玩儿似的就把一支比自己人数还多的精锐魏军给灭了。也说不清楚到底是陈庆之太能还是魏军太菜，总之，强大的敌人军队在他面前灰飞烟灭是铁的事实。从此，陈庆之这位以前跟南梁军界完全不搭边的御用棋手，开始了自己轰轰烈烈的战场生涯。

紧接着，在徐州主帅萧综突然投敌后，梁军各部队因措手不及地后撤而导致大量士兵伤亡，唯独陈庆之面对突发情况不慌不忙，从容指挥，表现出了远胜他人的卓越军事才能，将自己的麾下部队成建制地带回国内，成了这次徐州事变中仅存的亮点。

陈庆之徐州之行的出色表现惊艳了整个南梁国，谁都没有想到这个以前从来没接触过战争的人，却在战场上如此游刃有余。萧衍更是没想到会出现这种让人惊喜的结果，谁知道这个平时在棋盘上很能杀的棋手，在战场竟也是一个让敌人闻风丧胆的凶悍之将呢？

之后，发现新大陆的萧衍再也不让陈庆之专职陪自己下棋了，当时南梁建国已经二十多年，很多当年跟随萧衍一起起兵的能征善战的老将都去世了，国家正缺少会领兵打仗的人才，陈庆之这么能打，必须去带兵。顺理成章地，陈庆之就从围棋国手转行到军界当将军了，又打了几场胜仗之后，很快便升任东宫直阁，成为护卫太子萧统的重要人物。

大通元年（公元527年），萧衍一方面忙着到同泰寺舍身，给寺庙拉赞助；另一方面命令军队北上，进攻魏国，希望趁着北魏国内混乱的局势浑水摸鱼，多占领一些北方的城池土地。

改元没多久，萧衍就派曹仲宗和陈庆之率军攻打涡阳（今安徽省亳州市涡阳县），同时调派寻阳太守韦放率领本部人马协同作战。北魏朝廷听说涡阳吃紧，马上派遣将军元昭指挥十五万（一说五万）大军向涡阳进发。其中先头部队很快抵达距离涡阳只有四十里的驼涧（今安徽省亳州市蒙城县西北），并在那里驻扎修整，打算养精蓄锐后和梁军展开作战。

魏军的这支驻扎在驼涧的部队让梁军内部将领起了分歧，陈庆之跟韦放因为打不打这支北魏先锋军争执不下。

韦放是名将韦睿的儿子，不过这时候韦睿已经去世好几年了。韦放继承了他父亲的基因，在战场上临危不惧，勇猛如虎。就在这次率兵来跟曹仲宗汇合的路上，他还遭遇了一场危险。当时他只带着两百多名士兵，正在筑营垒呢，不承想北魏散骑常侍费穆带着好几千人突然出现在他的面前。

韦放这个时候没有选择逃跑，而是下令逆战。他为了稳定军心，特意跳下马背，摘掉盔甲，往胡床上一坐，然后稳稳当当地指挥士兵作战。他的部下见主帅如此淡定，没有一个人恐惧后退，个个奋勇争先，以一敌百地冲杀敌人，愣是以少胜多，把费穆这个助推了“河阴之变”的幕后黑手杀得稀里哗啦。

但这次韦放却因为驼涧问题和陈庆之唱起了反调。陈庆之认为，对驼涧的敌人，应该不给他们喘息的机会，趁他们初来乍到，对他们发动突然袭击，肯定会取得大捷。而韦放却认为不宜军事冒险，他觉得北魏先锋部队一定是装备精良的劲旅，暂时最好不要招惹他们，因为如果主动攻击失利，会严重影响部队士气，不如以逸待劳，等他们来到涡阳城外再看情况决定作战方法。两位名将为这事拧上了。

陈庆之的推测是，魏军急行军远道而来，必然疲惫不堪，而且两军距离遥远，他们一定不会想到梁军会跑那么远去搞袭击，所以，如果抓住这个机会，趁他们的人马还没有到齐，突然掩杀过去，定能取得胜利，重挫魏军锐气。

但说实在的，不单是韦放，其他将领也几乎都不赞同陈庆之这么做，只是碍于他乃皇帝身边红人，不好激烈表态而已。陈庆之也知道大家的心思，他没有强迫别人跟他一起冒险去驼涧劫杀魏军，而是决定自己单独行动，“诸君若疑，庆之请独取之”。你们把心放在肚子里，本将军不强迫你们参与行动，我愿意带着自己的兵马单独去驼涧进攻魏军。

陈庆之来参战的时候，也带了属于自己的骑兵部队，他要以这支军事力量去突袭魏军。什么？你问他带的骑兵部队有多少人？两百人！不是开玩笑，真的就只有两百人。陈庆之就是这么生猛，两百人他就敢去闯魏军精锐的先锋军团。

在陈庆之出发的时候，韦放等人都觉得要跟他永别了，袍泽一场，大概就这么去了，劝也劝不住，唉！两百人去劫人家大营，跟自杀式袭击有什么区别？除了全军覆没，不会有第二种结果。可实际结果却正好相反，差点全军覆没的是魏军先锋兵团。

陈庆之带着两百名骑兵突然出现在驼涧兵营时，魏军个个吓得魂不附体。正如陈庆之所预料的那样，他们经过长途跋涉，疲惫不已，个个都在歇息，压根儿想不到四十里外的梁军会胆大到来袭击军营，根本没有任何警戒和防备。面对梁军如狼似虎的骑兵的攻杀，魏军无法也来不及组织有效抵抗，况且他们也不知道到底来了多少梁军。这种时候，没有人会想着怎么抵抗，只想着怎么样才能安全逃命，所以，陈庆之的两百人把魏军的先锋部队杀得血流成河，魏军增援涡阳的后续部队惊骇不已，作战士气和信心一落千丈。

梁军见陈庆之获胜，马上召集部队向前推进，在涡阳城下与北魏增援军队形成对峙局面。此后的一年时间，双方军队在涡阳城外来回厮杀，从春天打到冬天，前后进行了一百多次战斗，谁也胜不了谁，胶着在一起，双方将士都疲弱不堪，叫苦连连。

论谋略，梁军稍胜一筹，但论人数，魏军则多了不少。因此，两国军队在这里中和般停住了，以至于一年这么长的时间都分不出个胜负来。

就在冬季快要结束时，梁军发现了魏军的新动向，他们在自己的阵地后面筑造营垒，意图跟涡阳城守军一起，对梁军进行两面夹击。曹仲宗看魏军天天在挖土方、垒城墙，担心会腹背受敌，便召集众将商议，打算退兵回国。

大家早就盼着这一天了，谁愿意常年背井离乡在外打仗？要回家，趁早定，我们大伙都同意，谁那么傻会不同意？嗨，还真是有这么一个与众不同的傻子，当然，这个傻子，肯定是陈庆之。

当各位将领正在兴致勃勃讨论如何安全高效地撤退回国时，总是跟别人想法不一样的陈庆之又令人讨厌地出现了。趁着所有将领都在，陈庆之给大家上了一堂思想教育课。他说，各路部队在涡阳已经奋战了一年，朝廷为此付出了大量人力物力，现在没有取得丝毫战果，而各位将军却斗志全无，只想着后退，这岂是立功报国的态度？不过是以攻城为借口来这里烧杀抢劫的暴徒而已。

陈庆之滔滔不绝，口气时而慷慨激昂，时而暗带威胁。他要求再跟北魏军进行一次决定最终胜负的殊死决战，因担心其他将领不配合，陈庆之语带威胁地说："审欲班师，庆之别有密敕，今日犯者，当依敕行之！"陈庆之说临行之前，皇帝给他下了一道密敕，假如仍有人想违抗命令不战而退，他就不得不行使皇帝密敕了。很明显，陈庆之所说的这道密敕是诛杀权，谁要是违抗我的命令，我就凭皇帝密敕以抗拒军令杀了他！

这招够狠，有皇帝在背后撑腰，他斩杀违反军令者完全没有问题，让他杀了真的是白死，不但一分抚恤金赔偿款都拿不到，还会被贴上贪生怕死的黑标签，这种"白+黑"的结果是谁都不想要的。

曹仲宗等人被陈庆之的气势镇住了，不敢再讨论退兵的问题，转而商议起跟魏军决战的方法。其实所谓的皇帝密敕，说不定只是他自己杜撰的，但陈庆之久浸官场江湖，拿捏准了别人不敢和他这个皇帝的身边红人较真密敕的真假问题，他知道别人会在心里掂量，万一真有呢？

这场战场之外的战斗，陈庆之赢了。梁军在密敕的威慑下，重新结成了坚定的统一联盟，相继对魏军展开攻击。陈庆之作为主战派，当然是一马当先冲锋在前。

魏军为了困死梁军，凭借人多势众和主场作战的优势，在涡阳城外及梁军阵地附近建起了十三座高大的城垒，用以监视梁军行动和阻遏梁军进攻。陈庆之觉得这些城垒太威胁梁军安全，决定再用偷袭的方法拔掉这些插在身边的钉子。

老规矩，在一个漆黑如墨的夜晚，陈庆之率领骑兵，将每一匹战马的嘴巴都扎上，人马不发出一点声音，悄悄摸到魏军城垒之下，突然发起暴风雨般的攻击。魏军睡梦之中来不及抵抗，被杀得纷纷弃城逃跑。一夜之间，陈庆之用这种方法攻克了魏军四座城垒。守卫涡阳的王纬被陈庆之的这种气势吓傻了，干脆投降了事，主动把涡阳城献给梁军。得，你别大晚上的再来砍我，我从了你，行吧。

陈庆之没想到夜袭敌人城垒还有这么大的意外惊喜，得到的副产品比主产品还值钱。为了使胜利果实效益最大化，陈庆之充分利用了魏军俘虏的剩余价值。

他把所有的魏军俘虏集中起来，挑选出三十多人，把他们当场释放，让他们回去向其他九座城垒通报情况，告诉他们，城垒已经被灭掉四个，涡阳城也已经投降了。这其实是陈庆之的攻心战，那些死里逃生的俘虏的恐惧情绪会传染给其他北魏士兵，让魏军对对面的梁军产生厌战和害怕心理。这种事情传播的速度比病毒还快，只要一个人跑回去，不一会儿，俘虏大难不死的头条新闻就会传遍大营。不过，这个攻心战还只是陈庆之使的连环计中的第一环，第二环更精彩。

在释放了第一拨那三十多个报信俘虏后，陈庆之把剩下的更多的俘虏集中在一起，然后对他们说，你们都回营去吧！那些俘虏一听这话全部傻掉了，不敢相信这是真的。怎么可能啊，不杀我们，不让我们去挖矿烧窑，就让我们这么完好无损地回去？这不符合梁国处置俘虏的一贯做法呀！在陈庆之好说歹说下，那些魏军才半信半疑地警惕地挪动步子，提心吊胆地一步三回头，生怕梁军在后面放箭。但他们走出一段距离，确认梁军真的是无条件释放他们回营的时候，求生的本能瞬间爆炸开来，每个人都甩开大步，拼命往大营跑去，生怕梁军后悔，又把他们抓回去。

陈庆之要的就是魏军这种慌乱跑动的效果。他早已设计好了套路，见魏军俘虏跑动起来后，陈庆之命令一旁严阵以待多时的梁军大部队全部嗨起来，擂动轰天战鼓，发出巨大的呐喊声，潮水般向魏军剩下的九座城垒冲去。

那些正在狂奔的俘虏见梁军排山倒海般追赶自己，个个吓得脚不沾地涌向城垒，在他们看来，只要加把劲儿跑进城垒就真正安全了。这时候如果来个航拍，画面一定是相当壮观。虽然战争是残酷的，但战场的景象总是犹如大片。广阔的原野上，一大波人在前面狂逃，一大波人在后面狂追，战马嘶鸣，旗帜猎猎，狼烟四起，红尘滚滚，喊杀声惊天动地……

北魏城垒里那些由于常年征战而疲惫不堪，被早先跑回去的俘虏夸张描述的惊险脱逃经历唬得有点心跳加速的魏军，看到风卷残云般向自己卷来的梁军，心理防线刹那间轰然坍塌，他们突然都像约好了似的，一看到如狼似虎的梁军赶着俘虏向城垒杀来，吓得全部弃城逃跑。当跑在半路上的那些魏军俘虏把城垒里的同胞当成自己的救星时，城垒里的魏军却已经吓破了胆，他们打开城门，争先恐后从城内奔出，往魏国所在的北方逃命。

到这时，陈庆之故意释放、追赶俘虏的连环计目的全部达到，在形势恶劣的战场上已苦撑一年的魏军，被突然士气大振的梁军将士逼得内心瘫软，绝望而逃。梁军乘胜追击，跟在魏军屁股后面猛烈砍杀。魏军大败，伤亡惨重，剩下九座城垒的士兵几乎被全歼，以至于涡阳城边川流不息的涡河，因为河面上漂满尸体而堵塞了河道。

想象一下那个河面场景，太让人毛骨悚然了，那些密密麻麻的尸体，不仅景象可怕，而且会严重污染河水，导致生态灾难。但战争就是如此残酷，敌人的痛苦就是自己的快乐，敌人的灾难就是自己的节日。

涡阳之战，可以说是陈庆之的独功，如果不是他在双方都筋疲力尽之时最后坚持，如果不是他把最后一根稻草压到骆驼身上，魏军不可能败得那么惨，战场结局甚至有可能会出现三百六十度大反转，因为如果梁军提前后撤回国，魏军在后面追击，是很难避免重大人员伤亡的。因为跑的总是干不过追的，你军队人数再多，但你一心想着跑跑跑，也就无心抵挡后面的追杀者，只想自己跑得快一点，再快一点。一旦每个撤退者都产生了这种心理，那就没有一个人想着殿后，阻挡敌方追杀者了，队伍的末日也就到来了。

因为陈庆之的指挥有方，梁军从被动撤退方变成了主动追击方，并且取得了意想不到的战场大捷。萧衍收到战报后，特别高兴，给陈庆之写了一封亲笔嘉奖令："本非将种，又非豪家，觖望风云，以至于此。可深思奇略，善克令终。开朱门而待宾，扬声名于竹帛，岂非大丈夫哉！"

从梁武帝萧衍的嘉奖令中透出的那种溢于言表的惊喜，可以看出陈庆之的涡阳大捷有多么让他开心了。萧衍肯定觉得很不可思议，一个从小到大一直陪自己下棋的专业棋手，怎么打起仗来这么神勇无敌、所向披靡？这个时候，萧衍还并不知道，作为一个将军，陈庆之最辉煌、最耀眼、最彪炳千古，可以一举确立他在历史上战神地位的重大战绩还没有发生和到来。

陈庆之人生最精彩、最高潮的压轴戏发生在涡阳大捷的两年后。

中大通元年（公元529年），陈庆之率领七千名梁军从建康北上，护送被萧衍封为魏王的魏国北海王元颢北上洛阳。正是这次北上行动，成就了陈庆之战无不胜攻无不克的战场神话。

在讲陈庆之的这段传奇般的北上军事行动前，有必要先捋一捋和南梁同一时期存在的北魏的具体情况。作为梁国皇帝，萧衍怎么会和北魏皇室郡王元颢坐到一起？怎么还封一个外国皇族成员为魏王？又为什么叫陈庆之护送这个外国人千里迢迢到洛阳去？要想搞清楚这些事情的前因后果，必须要先说说魏国这个北方大国的情况。

北魏建国是很早的，魏国老祖宗拓跋珪宣布成立国家的时候，南北方都还是乱糟糟的。北方大帝苻坚发动的淝水之战刚刚失败，庞大的帝国随之崩裂；南方还处在昏暗腐败的东晋时代，最终取代东晋创建南朝第一个政权的宋国老祖宗刘裕这时候才二十来岁，正整天在家赌博、抓鱼、卖草鞋，并因拖欠赌债被人追着要钱，到处东躲西藏呢。所以，北魏的发迹是很早的。

不过到陈庆之北伐洛阳这个时候，曾经傲视北中国全境的大魏国，已经真正到了日落西山的末世，五年后，这个当初庞大得无人能敌的大象国就哗裂成东魏、西魏两个国家了。

梳理北魏的发展历史，我们会发现一个有趣的现象，北魏国运从盛世到衰落，跟两个女人息息相关，这两个女人就是北魏不同时期的两个皇太后，一个是早期的冯太后，一个是末期的胡太后。

冯太后是北魏文成帝拓跋濬的皇后，拓跋濬英年早逝后，二十四岁的冯太后力挽狂澜，在波诡云谲的宫廷权斗中临危不惧，成功诛杀了祸乱朝政、密谋篡夺帝位的丞相乙浑，随后两度临朝称制，并一手培养带大了中国皇帝界伟大的政治改革家之一——北魏孝文帝拓跋宏。在掌控北魏朝政的十多年里，冯太后指导主持了著名的“太和改制”，推行官员俸禄制，颁布均田令，实行邻长、里长、党长“三长制”，一系列全方位改革将这个落后愚昧的鲜卑政权带上了文明发展的轨道。她死后，连谥号都是“文明”，所以，称呼她文明太后、文明皇后都行。

而胡太后就不太文明了，她跟冯太后几乎就是一对反义词，同样身为太后，两人的所作所为相差太远，正是胡太后的胡作非为，才使得北魏快速灭亡。可以肯定地说，如果没有胡太后这个女人，北魏是不可能这么快就突然亡国的。

胡氏之所以能成为胡太后，是因为北魏宣武帝元恪看上了她。元恪之所以看上她，是因为她的姑妈。胡充华的姑妈是个尼姑，经常到宫廷里为皇帝和宫妃、宫女讲佛说经。每次进宫，她都给自己的漂亮侄女打广告，说自己的侄女胡氏如何美艳动人，如何倾国倾城。皇帝元恪听多这个广告后就有些意动，叫她把侄女带进宫来看看。胡姑妈见皇帝要面试侄女，乐了，好几年苦心做广告，不就是为了这一天吗？现在终于如愿找着消费终端的大老板了，她赶紧把胡氏带进宫。元恪见胡氏果然是貌美如花，便将她纳入后宫。

其实对众多美女来说，北魏皇帝的后宫就是一个危险的大坟墓，分分钟就能把一个大活人给埋葬掉，走进北魏后宫，成为皇帝的女人，就等于是时刻缠绕在死神的阴影里了。因为当年拓跋珪效仿他的偶像汉武帝，给北魏国立了一条祖传的“立子杀母”的铁规，即立哪一个嫔妃的儿子为太子后，必须立即处死这个嫔妃。

汉武帝当年立刘弗陵为太子时，就把自己十几岁的少女宠妃——钩弋夫人残忍地杀害了，理由是怕将来自己死了，小宠妃会凭借皇太后的身份把持朝政，祸乱国家，所以提前进行特殊预防，来个死了干净。其实汉朝在汉武帝晚年时已经够乱的了，穷兵黩武，民不聊生，他自己也知道，要不怎么在死前还发了一道罪己诏呢。汉武帝在世的时候，汉朝民众因为生活困苦，各地的造反活动就已经风起云涌了，要是他跟萧衍一样活到八十多岁，并且一直按照他的那个思路治国，大汉朝说不定就崩了，他也极有可能跟萧衍落得一样的下场。某种程度上说，汉武帝的驾崩给了汉朝一个转弯的机会。

北魏把这个祖训当成了国家常设制度，搞得这个国家所有的后宫女人常年战战兢兢、日夜提心吊胆。后宫每一个女人都希望得到皇帝的宠幸，但又害怕皇帝看上自己；每一个嫔妃都希望自己怀孕，但又害怕怀孕，因为那怀上的骨肉也许就是个炸弹。

所以，跟中国古代任何一个皇帝后宫迥然不同的是，别的皇帝后宫的女人做梦都希望自己生的孩子能成为太子，甚至为了实现这一目标钩心斗角，互相算计；而北魏后宫的女人则是另一番奇特景象，皇帝的女人们“相与祈祝，皆愿生诸王、公主，不愿生太子”，几个大肚子女人在御花园里相遇了，都互相祝福对方，最好能生个女儿，生男孩也行，做郡王就好，这样母能凭子女贵，一辈子荣华平安没问题。谁要是祝福说，保佑你生个太子，那一定会招来凶猛的咒骂，你才生太子呢，你全家都生太子！

没有谁愿意接受自己辛辛苦苦生出一个未来皇帝后马上被杀死的现实。虽然母亲总是希望自己的孩子前程远大，但在死亡与生命面前，没有人钟情望子成龙——除了胡氏。

胡氏就是这么与众不同，她在生孩子这件事上和皇帝的其他女人都不一样，她公开表明自己希望生太子。后来她如愿怀孕，看着肚子一天天大起来，她的宫廷闺密怕她避免不了死亡的结局，便偷偷劝她想办法堕胎，以便稳稳保住性命。胡氏视死如归地拒绝了："若幸而生男，次第当长，男生身死，所不憾也。"元恪当时还没有儿子，如果胡氏生下来的是男孩，就是皇帝的长子，从当时的情况看，这个男孩百分百会被立为太子。所以，胡氏祈祷自己生个男孩，只要自己的儿子成为太子，她觉得死而无憾。

在这件事情上，真是苍天不负她，她真的如愿以偿生下了一个男孩，而且这个男孩也如她所愿被立为太子，就是后来的北魏孝明帝元诩。当元诩被立为太子后，很多人都在等着看胡氏被皇帝赐死的大戏了。按照老规矩，立太子当天，太子的生母必须死，死法是一样的，缢死。

可元恪一来十分喜欢胡氏，二来笃信佛教慈悲为怀，再加上崔光等几位朝廷大臣从中相助，这条已执行了一百多年的祖传制度便被下令废除了。元恪的怜悯与温情，让胡氏得以不死，这才有机会成为后来祸害北魏的胡太后。

搞笑的是，就因为胡太后搞乱了北魏，所以后世很多人都认为这种立子杀母，防止外戚干政的方法是有道理的。持这种观点的人认为，如果元恪按照祖宗规矩把胡氏杀了，也就没有北魏之后的快速毁灭了。

这种观点非常片面。中国历史上那么多母凭子贵的皇太后，也没见几个太后把国家弄灭亡了。那么多前后取代的朝来朝往，没有皇帝他母亲什么事，不也是该灭亡的灭亡，该垮台的垮台？就算杀了皇帝的母亲，外戚力量受到了打击，但搞乱朝廷使江山变色的可还有皇帝的叔伯、弟兄、近侍，甚至保卫皇帝的将军。所以杀人多少，跟国家是否长治久安完全没有因果关系，甚至会产生反作用的关系。

元恪算不上是一个彪炳史册的明君，但他不墨守成规，主动废除立子杀母这种残忍祖制的行为，可以说是他一生最大的亮点。元恪的这一点跟明英宗朱祁镇勇敢废除嫔妃殉葬制度可以相提并论，算得上历史上皇帝体恤后宫嫔妃的两项大福利。

别看朱元璋挺关爱老百姓的，但对为自己牺牲了一生青春的嫔妃却很无情，死前还硬拉上后宫里没生育孩子的四十多个嫔妃宫女陪自己一起死，下令她们活活殉葬。此后，历代明朝皇帝驾崩后都强制嫔妃为自己殉葬，就连诸侯王去世都要用活人殉葬。到朱祁镇的时候，这条明朝版祖传的非人制度被禁止了。

没想到这个曾经很奇葩地在战场上被敌人俘虏的皇帝，脑子倒是开明的很，充满了人文关怀，“用人殉葬，吾不忍也，此事宜自我而止，后世勿复为”。朱祁镇和元恪一样，也并不是一个英明的君王，但他们两人毅然决然地终结惨无人道的后宫铁律行为，是特别值得赞赏的。

元恪死后，胡氏冒死生下来的儿子元诩登基，胡氏成为皇太后。元诩即位时太小，只有五岁，能知道什么，所以由皇太后临朝称制，帮助儿子处理国家大事。自此，死里逃生的胡太后一跃成为北魏帝国的实际主宰者。

自从胡太后临朝后，北魏这个国家就变得鸡飞狗跳了，这个女人把北魏推上了不归路。她掌权之后，每天生活的主要内容就是发展男宠、建造寺庙，外加吃吃喝喝、玩玩乐乐。虽被人称为太后，但胡太后其实年轻得很，具体年龄不知道，但儿子毕竟才几岁，而且是头胎，当太后的时候顶多二十来岁，又拥有无上权力，在生活作风上就开始为所欲为了。

胡太后喜欢美男，只要是她看上的美男子，一个都跑不掉。

清河王元怿是元恪的弟弟，长得一表人才，英俊潇洒，高大魁梧，风度翩翩。胡太后迷上了这个小叔子，要元怿做她的情人，元怿不愿意，胡太后就把他关在宫里不让他出去，最后元怿无奈，只能答应，否则连命都保不住啊。“时太后得志，逼幸清河王怿，淫乱肆情，为天下所恶。”

胡太后就是这么霸道，她只管享受帅哥美色，至于伦理道德或是口碑名声，她一点都不在乎。

还有她父亲的部下郑俨，也被胡太后纳入情人团。郑俨跟胡太后养的宠物似的，被长期限制在宫里，天天跟胡太后待在一起，胡太后给他封了一个官，叫他日夜都住在宫里，不准回家。郑俨有家有室，总得要回家看看呀，可以，但回家时必须带着宫里的宦官，“每休沐，太后常遣宦者随之，俨见其妻，唯得言家事而已”。休沐就是休息日，逢着不上班的休息日，郑俨想回家看看正妻，但他的身后永远有一个忠于胡太后的宦官跟着监视，郑俨见到老婆，啥体己话都不敢说，只能私事公办，当着宦官的面简单交代一下家里头的事情，要是敢说一句“老婆，我好想你”那就麻烦大了。

没见过霸占了别人老公还这么理直气壮的小三，胡太后的占有欲就是这么强。

除了喜欢帅哥，胡太后还喜欢佛教。当时北方的崇佛之风比南朝更甚，北魏都城洛阳成了当时的佛教中心城市之一，比南梁的建康崇佛氛围还浓厚。整个北魏，有寺庙三万多所，僧尼人数达到令人难以相信的两百多万人。大量的僧尼和寺庙造就了穷国家、富寺庙的奇怪现象，因为寺庙拥有的田地和人口不用向国家缴纳哪怕一文钱的赋税，这就导致了税源大量减少，弄得朝廷财政赤字的大窟窿怎么也堵不上，到最后不得不向全国民众提前预征六年的租税。

这都不能用寅吃卯粮来形容了，一家伙吃到六年后，这种只争朝夕的吃相，太难看，太不可思议了。如果看过姜文导演的《让子弹飞》这部电影，大家一定会记得县衙师爷那句“晚了，前几任县长把鹅城的税收到90年以后了”的经典笑料。预支税收即使在今天都还是个荒唐的笑料，但北魏却在十几个世纪前就脸不红心不跳地驾轻就熟地做出来了，可见当时北魏朝廷缺钱缺德到了一种什么程度。

即便国家财政已是捉襟见肘穷途末路，但胡太后不管这些，她只管大凿石窟，大造佛寺。这个北国女人在主政期间，耗费无数民脂民膏创造了一项佛教界的吉尼斯纪录，建造了一座高达近一百四十米的佛塔——永宁寺塔。

胡太后掌握权力的第一年，就下令在皇宫旁边建造永宁寺，永宁寺的豪华程度前所未有，壮丽雄伟得让每一个看到它的人震惊到瞠目结舌。寺庙内光和尚的房间就有一千多间，不但有玉雕刻的佛像，还有十几座真人一般大小的纯金佛像，最大的一尊佛像高达一丈八尺，这种规模的佛像所消耗的黄金都是用吨来计算的。所以史书大大方方地承认说："自佛法入中国，塔庙之盛，未之有也。"

其时佛教传入中国已历经汉、魏、三国、两晋等多个朝代，没有哪个朝代的寺庙规模如此盛大，可以说在疯狂建造寺庙这个事上，地球人已经无法阻挡胡太后了。

虽然有很多大臣上书批评她大建寺庙的行为，但她一概不理。造完永宁寺后，她还觉得不过瘾，又在寺中间造了一座佛塔。这座佛塔就是历史上著名的永宁寺塔。

永宁寺塔为全木构造，整体九层，高耸入云。对于这座佛塔的高度，史籍上有多种不同记载。郦道元在《水经注》中说"自露盘下至地四十九丈"，四十九丈高约相当于现在的一百六十三米，跟今天的五十四层楼一般高。《魏书》中也有"永宁寺浮图九层，高四十余丈"的文字，跟郦道元的说法差不多。但《资治通鉴》记载的却是"浮图高九十丈，上刹复高十丈"，司马迁说永宁寺塔主塔高九十丈，加上塔顶上面十丈高的装饰顶柱，一共是一百丈。

这有点吓人，那时候就能造出三百多米高的建筑？要想使三百米高的建筑平衡稳定而不倒塌，需要非常精密的建筑知识与技术，南北朝的时候应该还不具备建造这种超高建筑的技术，所以本书选择取信永宁寺塔四十多丈高的说法。

对于母亲疯狂建造寺庙，并且放任自己的情夫与一帮奸佞把持朝政，沆瀣一气、陷害忠良、卖官鬻爵等行为，胡太后的儿子皇帝元诩不乐意了，他想跟母亲要个说法，为什么这么做？为什么朝廷任何大事总是不让自己这个皇帝做主？

元诩产生这种想法的时候，已经是十八九岁的小伙子了，这么大的男人已经有了自己的思想，他不愿意再做傀儡，想自己亲政了，但胡太后对权力的享受已经上瘾，不愿意交出权柄，而且还利用权力打压元诩，利用各种借口把元诩身边的心腹臣下连续问罪处死。

这惹恼了元诩，他跟母亲因为最高权力的归属问题闹翻了，可元诩势单力薄，在朝廷根本斗不过根基深厚的胡太后，于是他向地方军阀求助，给在并州（今陕西省太原市）一带担任大都督的尔朱荣送去了一道密诏，命令他的军队南下，开往皇城。

元诩的这一行为完全就是东汉末期董卓带兵进京事件的翻版。

汉灵帝的皇后的哥哥，大将军何进因为和宦官争权，密调北部边境大军阀董卓带兵进京帮自己诛杀宦官。董卓当年所在的地区也在并州一带，他欣喜若狂地带着野战军跑到都城长安时，却发现调他来京的何大将军已经死于宦官之手，最后的结果是请神容易送神难，董卓这匹来自北方的狼干脆杀进皇宫，劫持皇帝，把虽然气息奄奄但本来还能苟延残喘一段时日的东汉彻底弄垮台了，最终便宜了他的接盘下家曹操。

尔朱荣的经历简直就是个董卓第二，当这匹狼也欣喜若狂地领着军队跑到都城洛阳时，却发现调他来京的皇帝元诩已经死了。

元诩的死因说出来都难以让人置信，竟然是被他的亲生母亲胡太后伙同情夫郑俨毒死的。不知道到底是权力的诱惑太大还是她脑袋被门夹过，竟然把自己唯一的亲生儿子毒死了！所谓“皮之不存，毛将焉附”，她之所以能控制整个国家，随便作威作福，根本原因就是有个皇帝儿子，一旦儿子不是皇帝，她也就什么都不是了，而且她的这种行为正好给了早就对朝廷虎视眈眈的尔朱荣以借口。

尔朱荣借题发挥，说要给皇帝报仇，要捉拿弑君凶手，率兵冲进皇宫，自己另立彭城王元勰的儿子元子攸为皇帝，把胡太后和她毒死儿子后立的一个小皇帝抓起来关进铁笼，然后把铁笼丢进黄河，将两人活活淹死。胡太后倒是死有余辜，那个陪她一起淹死的小皇帝是一个才三岁的小男孩，死得太冤了。他那么小，根本不知道皇帝的好处，在他眼里，皇帝宝座还比不上一块糖有吸引力。

尔朱荣把持朝廷之后，还有一大批死得更冤的人。作为一个来自远方边陲的土包子，尔朱荣在大城市洛阳有严重的自卑感，因担心朝中那些见过大世面又有文化的大臣看不起自己这个突然到来的外来户，对自己产生轻侮之心，不服从自己的管制，他接受了属下费穆的建议，决定以杀树威，对朝中大臣大开杀戒。

梁大通二年（公元528年）四月十三日，尔朱荣以祭天为名，要求百官公卿到河阴（今河南省洛阳市孟津县）集合，共同参加祭祀天地的隆重仪式。

这时候尔朱荣拥立的木偶皇帝元子攸刚刚登基，祭祀上天是例行事务，每个皇帝都是如此，所以文武百官没有一个人想到这是一趟死亡之旅，大家都穿戴得很正式地赶赴到约定地点，静静地等待祭祀主角皇帝的出现，但皇帝早就被尔朱荣支开到别的地方了。

大臣们没等到皇帝，等来了一大群武装整齐的北魏骑兵，他们把到场的两千多个朝廷大臣水泄不通地围在中间，然后在尔朱荣的命令下，骑兵部队万马奔腾冲入密集人群，肆意箭射、刀砍手无寸铁且毫无心理准备的大臣们，直杀得尸横遍野、血流成河，到场的两千多人无一幸免，全都死于非命。这就是臭名昭著的“河阴之变”。

“河阴之变”是中国历史上针对朝廷精英人士最野蛮、最残酷的一次大屠杀，北魏朝廷因为这次屠杀而变成了一个空架子，没有当官的了，中高级官员被一次杀光，造成了严重的官员断层，以至于后来朝廷到处拉人当官。

“河阴之变”是对北魏的一次釜底抽薪，五年后，元子攸因无法忍受被监控的生活，偷偷逃出皇宫，渡过黄河，跑到长安投奔了关中大军阀宇文泰。从此，北魏国正式分裂，有了两个皇帝：西边长安宇文泰控制一个，东边洛阳取代尔朱荣的高欢控制一个。两个政府互不服气，互不承认，都指责鄙视对方为伪政权。历史学上按照地理方位将这两个国家分别标示为东魏和西魏。

河阴屠杀中，元氏皇族受到致命打击，高阳王元雍、义阳王元略等元氏皇族郡王都被当场惨杀。在这种恐怖氛围下，其他元氏皇族成员吓得四处逃散，像汝南王元悦、临淮王元彧等多位北魏郡王，为了保命，都逃到先前敌对的南梁国萧衍那里请求庇护，萧衍则敞开大门欢迎所有投降的北魏人。

萧衍在这方面做得真是不错，那些个逃难来北魏王爷，都被安排在建康城好吃好喝地招待着，后来北魏局势稳定后，那些王爷说想回国，萧衍也不为难他们，客客气气地又把他们送回故国，全程五星级服务，让那些以往的老对手们想给个差评都没机会。北海王元颢也是在屠杀发生后，只带着几个亲信护卫可怜巴巴地请求萧衍收留的。正是这个元颢的投降，引出了陈庆之后来在战场上滔滔不绝的如潮胜利。

元颢比其他元氏郡王脑子活络些，他投降南梁后，请求萧衍封他为魏王，然后派兵护送他回到北魏，用武力把他推上王位，如果成功，他愿意臣服梁国，他所领导的魏国将永远做梁国的藩属国。萧衍一听，这是好事呀，要是成了，以前老是跟自己打得不可开交的北方大国，以后就变成自己的跟班小喽啰了，那感觉，哎呀，真是太酸爽了。于是萧衍决定让陈庆之带兵护送元颢北上，将元颢送进洛阳城，把他扶上皇位，让魏国成为南梁的卫星国。

当时北魏还是统一状态，没有分裂成东西两魏，洛阳是北魏的都城，要想让元颢坐上洛阳皇宫里的皇帝御座，就必须攻占洛阳。而攻占别国首都这事太难了，简直难以想象需要付出多么巨大的代价。这种高级别的军事行动，萧衍既然派陈庆之去，怎么着也得先给个二十万军队吧，不然怎么好意思去人家门口撸袖子动手？但事实上，萧衍只给了陈庆之七千兵力。

真不知道萧衍当时是怎么个意思。萧衍是个马上将军，天下是自己一刀一枪打下来的，完全知道七千人去打别国都城会是个什么结局。估计他的真实想法也就是象征性地意思一下，叫陈庆之把元颢送回去，至于会不会在路上被敌人大兵团包围抓走，那不是他的责任。如果萧衍真心实意想打下洛阳，绝对不可能只派这么点人。

北魏方面对于元颢和陈庆之的北上军事行动，压根儿就没放在眼里。陈庆之刚从建康出发，北魏方面就得到了情报，但给予其无视待遇，认为元颢这边势单力薄，成不了气候。当时手握重兵的北魏大将元天穆在陈庆之已经进入安徽境内，正快速向北方进军的情况下，依然直接忽略这支小股部队，带着朝廷主力压向今天的山东省地区，去镇压正在那里起劲儿造反的邢杲农民军。

北魏那时候已经是一片烽火，全国各地到处都是农民造反。一般王朝的末世都是如此，造反军比蚂蚁还多，最终导致朝廷军队无暇应付，帝国崩溃，改朝换代。邢杲在山东闹得火热的时候，尔朱荣也在河北地区忙着围剿已经称帝好几年，拥有几十万军队的造反首领葛荣的余孽。总之，陈庆之在北魏官方眼里，就不算一道菜，你爱上桌不上桌，我无所谓，我没看见，我还有其他许多道大菜需要赶急处理呢。谁曾想到，正是这道不起眼的小菜，最后卡住了北魏的咽喉，让他们吞吐不得，狼狈万分。

陈庆之带着七千人向一路向北，很快攻克了几座城池，抵达魏国重镇睢阳（今河南省商丘市）。睢阳守将是陈庆之的老熟人，以前在徐州战场交过手的邱大千。这次邱大千手里有七万军队，上次被不按套路打仗的陈庆之击败后，他就想着要报仇。这回见陈庆之只有几千人，邱大千心里憋着一股劲儿，上次把我打得那么惨，今天看我不弄死你！

邱大千在睢阳城外筑了九座城垒抵挡陈庆之的进攻。陈庆之指挥士兵攻城，这仗打的，那叫一个天昏地暗，从黎明时分打到下午五点，梁军攻下了三座城垒，但没有机会攻下剩余的六座，因为邱大千主动投降了，他受不了陈庆之的魔鬼战法，觉得自己即便筑九十座城垒也挡不住这个南方将领，不如投降保平安。

夺取睢阳后，元颢即在睢阳登基称帝，年号孝基，圆了自己的皇帝大梦。

睢阳失守后，北魏开始有点对陈庆之上心了，觉得这家伙不简单，必须予以重视。为了遏制陈庆之的北上势头，北魏派济阴王元晖业率领两万羽林军进驻睢阳东北方向的考城（今河南省商丘市民权县），阻断陈庆之的北上步伐。

考城当时的地理环境非常特殊，城池四面环水，易守难攻，因此元晖业对挡住陈庆之信心十足，对陈庆之喊话说，不服你就扎猛子过来打！但最后的战斗结果却让元晖业很沮丧，陈庆之命军士在水上搭起浮桥，然后在靠近考城城墙的地方修筑城垒，以城垒为跳板攻进了考城。这是元晖业万万没想到的，他只好乖乖成了陈庆之的俘虏。

陈庆之的连战连胜让北魏朝廷坐不住了，这个时候，北魏才发现陈庆之的军队是心腹大患，赶紧将其列入需马上剿灭的黑名单，决定集结军队，在荥阳地区将其包围击杀。北魏左仆射杨昱率七万大军守卫荥阳，拦住陈庆之西向洛阳的必经之地。同时，尔朱荣堂弟尔朱世隆领兵镇守荥阳之西的重要关隘虎牢（今河南省荥阳市境内），另外，已经消灭了邢杲造反军的元天穆也正带着北魏最精锐的骑兵军团，向荥阳方向运动。

北魏方面这次是多路军队打配合，有负责守城的，有负责掩护的，有负责支援的，用尽了心思，将三十万军队布置在荥阳前后以及外围，发誓要把陈庆之的军队吃掉。因为荥阳是洛阳的东边门户，这个地方一旦丢失，都城洛阳就难以避免倾覆的命运，所以，洛阳城里的皇帝元子攸才忧心如焚，严令各方死守荥阳。

面对势力强大的敌人，南梁军队士卒皆恐，有点发慌。陈庆之正好利用紧迫的形势给大家做战前动员，说是动员，其实说的好像多是恫吓之词："我辈众才七千，虏众三十余万，今日之事，唯有必死乃可得生耳。"我们七千人，敌人三十多万，生死存亡，就在这一仗。我们别无办法，只有抱着必死之心，提着脑袋拼死杀敌，才有死里逃生的机会和希望。

为了强化这种置之死地而后生的理念，陈庆之继续在语言上加码，说，你们自进入魏国境内以来，攻城略地，屠杀人家父兄、抢掠人家子女这种与魏人不共戴天的事情已经做得多到数不清了，如果落在魏人手里，只有死路一条，所以，必须在战场上把魏人打败，才能确保自己平安。

陈庆之做思想政治工作是相当有一套的，见恫吓效果已经达到，他又改变语气，充满激情和希望地鼓动大家说，元天穆支援荥阳的骑兵部队正在往这里赶来，我们只有在他到达之前攻下荥阳，才能避免腹背受敌的可怕局面。现在就把战鼓擂起来，猛攻荥阳！

梁军被陈庆之说得一会儿脊背发凉，一会儿热血沸腾，听到攻城号鼓后，个个置生死于度外，像蚂蚁一样不顾一切攀向城头。荥阳守军虽然也是顽强抵抗，但由于蜂拥而上的梁军实在是太不怕死了，很快便抵挡不住败下阵去。经过一阵疾风暴雨般的进攻，梁军以死伤五百余人的代价，快速夺下荥阳城，达到了陈庆之所期望的第一步战略目标。

不过这次战斗结束后，因为遭遇了出兵北上以来最严重的一次人员伤亡，梁军将士恼羞成怒，三百多名大小军官到元颢大帐前请愿，强烈要求皇帝把杨昱交给军方处死。元颢以前在北魏就跟杨昱是老相识，他想保住杨昱的性命，说战事已经结束，不宜再大开杀戒，但他又怕激起兵士哗变，便也妥协了一步，说除了杨昱，其他人任你们处置。

梁军士兵特别残忍地杀害了杨昱手下三十七名魏军将领，不但将他们斩首，而且开膛破肚，挖出他们体内的心脏吃了。那场面太血腥了，令人不寒而栗。古代人打完仗，在极度愤怒的情况下，经常有吃俘虏器官报仇泄愤的恶习，非常野蛮不人道。

陈庆之占领荥阳后没多长时间，元天穆的三十万大军就浩浩荡荡地杀到了荥阳城下。荥阳这么快失守让元天穆很是意外，七万守军居然撑不到他的援军到来！元天穆觉得太奇怪了，这陈庆之是个什么鬼，这么凶悍？待我好好安顿下军队，把他干干净净地收拾掉！

元天穆的愿望挺美好，可现实却给了他当头一棒。陈庆之早就想好了对付元天穆的办法，他趁他们远道而来气喘吁吁队伍不整时，带着必死之心袭击魏军阵营，杀了他们一个措手不及。也只有这样，才有一丝取胜希望，否则，跟他们打防守战，必败无疑。

这种主动冲锋无疑是自杀性进攻，万一对方阵脚不乱，用几倍的兵力实施合围反包，那这冲进去的六七千人就只能当对方的下酒菜了。但陈庆之面临的形势决定了他们必须要险中求胜，出奇制胜，四平八稳地开打肯定是被对方随便碾压的。所以，元天穆刚到城下，陈庆之的部队就突然倾城而出，呼啸着杀向魏军。

魏军刚来到荥阳，一路上颠簸劳累，骨头都快散架了，好不容易才到达目的地，你躺着他趴着我仰着，都在各种花式放松休息呢，谁能想到这个时候梁军会杀出来？元天穆更是想不到陈庆之会以七千人来挑战自己的三十万大军，再借给他一个脑子他也不敢这么想，所以他丝毫没有做好迎战准备。

于是，多种不利条件一累加，魏军无法组织有效抵抗，士卒只能各自逃命。前面我们就举过好几次例子了，战场上，一旦逃跑模式启动，就再也无法按下暂停键了，恐惧害怕的情绪传染起来比快乐开心的情绪要快得多，一旦一个人开始逃跑，所有人就都会争先恐后地逃跑。元天穆带来的三十万大军，就这么呼啦一下子跑得精光溜尽。

击败元天穆后，陈庆之并没有停止作战步伐，而是指挥军队一鼓作气杀向尔朱世隆镇守的虎牢。虎牢是一个著名的关隘，是守卫洛阳的最后一道门户，相当于潼关跟长安的关系。一旦这个关口失守，洛阳就再也无险可守，军队可长驱直入抵达城下。

尔朱世隆听说元天穆被陈庆之打得溃不成军后，觉得这个来打自己的陈庆之简直是个战场魔鬼，谁遇到谁死。陈庆之的军队还没到虎牢，他就吓得弃城而逃，带着自己的队伍跑到黄河以北的安全地带去了。

虎牢被陈庆之占领以后，洛阳城里乱成了一锅粥，北魏孝庄帝元子攸争分夺秒地逃出洛阳，因为行动迟缓点就有被俘的危险。元子攸啥都来不及带出来，因为实在没想到陈庆之来得这么猛，这么快。他连夜北渡黄河，跑到河内郡（今河南省焦作、济源一带）。那地方虽然离洛阳不远，但隔着黄河天险，梁军一时打不过来。

元子攸一跑，可把元颢高兴坏了，他第二天就派头十足地进了洛阳城，住进元子攸的皇宫，将年号改成建武，以纪念自己的帝王大业。对于元颢来说，生活真好比是做梦，让人难以想象这一切都是真的。三个月前，他还是一个惶惶如丧家之犬的逃难者，三个月后，却摇身一变成了皇帝，云泥之别恍若神话，但却实实在在是真的。而这一切，都有赖陈庆之的神武之力。

陈庆之这次护送元颢北上，也创造了一个战史上的神话，“庆之以数千之众，自发铚县至洛阳，凡取三十二城，四十七战，所向皆克”。陈庆之以区区几千部队，从今天的安徽省淮北市濉溪县境内开始对北魏展开攻击行动，在三个多月的时间里，夺取了三十二座城池，经历了大小四十七场战斗，攻无不克，所向披靡，无一败绩。最让人觉得不可思议的是，他还夺取了北魏的都城洛阳。洛阳很久以来都是北魏的政治中心，作为一个南方将领，居然夺下了北方帝国的心脏城市，为近百年来第一人。

因为陈庆之及其北上的七千士兵都穿的是一身白袍，所以这支令北人胆寒的军队所到之处，都留下了当地民众口口相传的歌谣：“名师大将莫自牢，千兵万马避白袍。”意思就是，见者绕道，此路不通。再厉害的大将，再多的军队，碰见白袍将军陈庆之，都要老老实实地避开，别跟他开打。

元颢进入洛阳后，一猛子扎到元子攸的后宫美女群中，日夜淫乐，花天酒地，再也不愿挪步。因为事发突然，元子攸走得太急，金银财宝、美女嫔妃啥的，一样都没来得及带走，洛阳城里的一切都成了元颢的战利品。别的元颢倒无所谓，对那些数不清后宫靓丽美人，他照单全收，沉溺于声色享乐不能自拔。他身边的亲信和以前的老部下，也依仗他的宠信欺男霸女，胡作非为，一派还没开始就已经结束的乱世景象。

更要命的是，元颢不仅贪图享乐，还是一个鼠目寸光的庸才，进入洛阳没几天，他就野心勃勃地想脱离南梁政府，不想再接受萧衍政府的掌控，想当真正能做主的皇帝。

这真是太蠢的想法，他身边的那些力量，北魏、南梁，甚至陈庆之，都是随时都能取他性命的。萧衍扶持这种蠢货回魏国即位，再一次证明他察人不准，有眼无珠。

陈庆之向元颢建议，说眼下环境险恶，魏国军队正在大规模集结，准备对洛阳发动攻击，应该立即向梁国国内报警，请求皇帝增派援军，加强洛阳防务。这一点，作为军事行家的萧衍已经意识到了，在陈庆之向元颢建议的时候，萧衍就已经派遣了大批军队向洛阳进发，以支持洛阳的防守。

但元颢担心大批梁军来洛阳后，陈庆之的力量会膨胀，他怕陈庆之到时候军权在手，不听自己指挥，所以不愿意再有哪怕一名梁国军人来到洛阳，断然拒绝了陈庆之切实可行的建议。并且为了把陈庆之可能会瞒着自己私下请求萧衍加派援军的路子堵死，他特地抢先给萧衍上奏，请求他不要再往洛阳派兵，理由看上去冠冕堂皇、忧国忧民。

他说现在黄河南北都已经平安无事，形势一片大好，只剩下一个尔朱荣在那里蹦跶，这个人他和陈庆之完全能搞定。鉴于目前百姓刚刚归附，需要一个安定团结的发展环境，所以希望朝廷不要再向洛阳增派军队，以免引起百姓恐慌，动摇民心。萧衍听元颢这么一说，马上命令正以急行军速度赶往洛阳的梁军停止前进。

元颢的这一昏着断绝了自己的后路，很快把自己送上了断头台。陈庆之见元颢不听自己的建议，没有办法，只好死马当活马医，自己带着本部军马通过黄河大桥，到大桥北岸的北中城严密防守，阻止尔朱荣军队从大桥过河。

陈庆之防守的这座大桥是附近唯一的一座黄河大桥，南北两岸就靠这座桥进行联通，只要守住大桥，尔朱荣的军队就只能强渡黄河到达南岸，而面对敌方防守，强渡黄河是件很困难，而且士兵伤亡程度会很大的一件事，所以陈庆之断定，尔朱荣必定会来这儿抢夺大桥。

他提前布局，在大桥上严阵以待。果然，尔朱荣带着元子攸来到了大桥边，他要把元子攸大摇大摆地由黄河大桥送回到洛阳城里。陈庆之当然不干，要想从这里过去，得问问我手里的刀答不答应！

尔朱荣在北魏时期是难得的一代枭雄，打仗非常厉害，那个时期的风云人物宇文泰、高欢等人，都曾在尔朱荣手下当差，乖得跟孙子一样。只是他的子孙没遗传他的能力与魄力，在他死后，尔朱家族就灰飞烟灭了，否则北魏天下必是尔朱家族的，也就没有后来的高欢和宇文泰两大巨头什么事了。

尔朱荣虽然厉害，但他碰上了陈庆之，算他运气不好。两人在黄河大桥边杀得乌天黑地的，一个要过河，一个不让过。三天打了十一仗，死了不少将士，尔朱荣眼睁睁地看着面前一条弯弯的河，河里荡起层层的波，就是过不了这条河。

碰到陈庆之这么个硬茬，尔朱荣没法，只得绕开陈庆之另寻出路。他命部队砍伐大量木材，将木材扎成木筏，在夜晚从另一个地方悄悄渡过黄河。河对岸的守军是元颢的儿子元冠受，这公子哥还没弄明白怎么回事就成了刀下鬼。

听说黄河失守，元颢像当时的元子攸一样，忙不迭地从皇宫逃命，带着几百个骑兵飞快地逃出洛阳城。后来跑着跑着，元颢身边的随从骑兵越来越少，这种时候谁愿意跟在他后面送死呢？都故意跑着跑着就掉队了，最后只剩下他一个人逃到临颍，被当地的一个普通士卒斩首，头颅被送到洛阳示众。

从志得意满进入洛阳到慌不择路逃出洛阳，元颢在洛阳只待了六十五天，相当于以生命为租金使用了北魏孝庄帝元子攸的皇宫以及皇宫里的一切。用生命享受了两个月，值还是不值呢？

陈庆之得知尔朱荣渡过黄河之后，知道守卫黄河大桥已经失去了意义，为了免遭魏军包抄后路，他急令全军后撤，由嵩山小路向梁国边境靠近。尔朱荣岂能放走这个让他吃尽苦头的南梁将军？他亲自率领大军追击陈庆之。

陈庆之的撤退思路是正确的，依靠高山密林和崎岖山路牵制魏军大部队的行动，按照这种撤法，全军而还尽管没有可能，但凭陈庆之的用兵手法，把大部分军队安全带回南梁国内是没有难度的。

但人算不如天算，就在威震北魏的白袍军撤入嵩山不久，就遭遇了罕见的山洪暴发，白袍军死散略尽，全军覆没。陈庆之剃掉头发，化装成和尚，历尽艰险，辗转逃回建康。萧衍见陈庆之安全回国，欣喜异常，为表彰他孤军北上，屡建战功，任命他为右卫将军，封永兴县侯，食邑一千五百户。

虽然南梁的这次轰轰烈烈的北伐如昙花一现般地回到了原点，但却成就了陈庆之的战场传奇。另外，这次不经意的北伐，还在不经意间改变了后来的中国历史格局。

陈庆之的七千白袍军里，有一个叫杨忠的普通士兵。杨忠因为作战勇猛立功受赏，在元颢进入洛阳后，被提拔为直阁将军，在元颢身边负责皇宫安保。洛阳被北魏重新夺回后，杨忠便留在了北方，后来成了西魏位高权重的大将军。杨忠在北方和名将独孤信成为儿女亲家，独孤信的七女儿嫁给了杨忠的儿子杨坚。杨坚就是后来统一中国南北的隋文帝。

杨坚的出现，深刻地改变了中国的历史进程与方向，对中国而言，杨坚是具有历史转折意义的标志性人物。杨坚的女儿长大后成为北周宣帝宇文赟的皇后，正是通过这一层特殊关系，杨坚掌握了政权，创建了大一统的隋帝国，结束了中国长久的分裂乱世。

而这一切的产生，都是源于陈庆之将杨忠招入了北伐军团，如果没有加入白袍军，杨忠也许只能以俘虏的身份一直客居南中国，也就没有机会回到北方，没有机会跟独孤信结为亲家，那世界上也就没有杨坚这个人的出生了。所以，一场虎头蛇尾的北伐，改变了太多太多的历史。

回国后不久，萧衍又将陈庆之这位天才将领派往边境，督率淮河流域军事，先后任命他为多个不同大州的刺史，基本上是哪里有事就把他放到哪里，哪里有麻烦就把他派到哪里，成功地把身边的一个棋童培养成了一个“救火队长”。

陈庆之每次都不负众望，在任期间，平定了多次叛乱事件，多次击败来犯魏军。他人生的最后一战是跟东魏大将侯景PK的。没错，就是那个“侯景之乱”的侯景，这个后来挑起了深刻影响中国历史，特别是南中国历史，促使南中国社会全面倒退的罪魁祸首，当时还在控制东魏的军阀高欢手下老老实实当差。这人虽然整体构成成分是人渣，但打仗是相当厉害的，不然阅人无数、老奸巨猾的高欢也不会那么看重他。

大同二年（公元536年），侯景率军七万攻打南梁国楚州（今安徽省凤阳县），很快便将其攻陷，俘虏了楚州刺史桓和。得胜后的侯景继续催兵向淮河推进，抵达陈庆之的防区，还很嚣张地写信给陈庆之，劝他投降。

萧衍见侯景来势凶猛，怕陈庆之有闪失，便派遣两名将军领兵驰援。两名将军不敢怠慢，紧赶慢赶，还是没来得及。他们刚走到半道，前方就传来消息，侯景已经被陈庆之杀得大败而逃，并丢弃了携带的大量物资辎重，让陈庆之赚取了一大笔军事补给。

打败侯景后，陈庆之在边境平静地度过了生命中的最后三年。这三年很安静，没有人敢来找他打仗，他在防区内练兵垦田，抚慰军士，救济百姓，在当地口碑很高，八百多名群众联名恳请朝廷，希望皇帝允许他们为保百姓平安的陈庆之树碑颂德，萧衍自然是很满意地批准了这件事。

大同五年（公元539年）十月，陈庆之去世，终年五十六岁。陈庆之的死亡，标志着南梁国名将的终结，从此，萧衍时代再无威震一方的名将。

萧衍真是太能活了，他眼睁睁地看着一个又一个陪他走过各个不同阶段岁月的大将随风逝去，当他从前的战友和臣下早就化成了烟尘，他依然在人间崇佛的路上踽踽独行。生命，于他而言，是一场超长马拉松，最后能跑到终点的，只有他一个人，没有其他人跟在他身后。

陈庆之也属于陪跑的那一个，只是他退赛太早了点，如果他的生命能再延长十年，那么548年开始的侯景之乱兴许就不会有机会发生。只要有陈庆之在，就没有手下败将侯景搞事的份儿，那么引发江南大动乱、大杀戮、大萧条的“侯景之乱”这个词条也就没机会存在了。

读史时每思及此，总是怅然不已，然而，历史中总会存在着无数遗憾，并在遗憾中不停纠错，不断拨乱反正。历史的潮流滚滚向前，纵使险滩阻遏，暗礁丛生；纵使迂回百转，曲折多舛，但永远向前、变好的趋势不会改变。南梁虽然即将进入全面的黑暗期，但就在这个朝代的背后，隋唐的亮色已然若隐若现。